カフェという場のつくり方

自分らしい起業のススメ

コモンカフェ代表
山納 洋

学芸出版社

はじめに

今から10年ほど前、２０００年前後に、日本ではカフェブームが起こりました。

この頃、大都市の都心部を中心に、これまでの喫茶店とは違った、センスや居心地の良いカフェが数多く登場しました。雑誌ではカフェ特集が組まれ、センスの良いカフェを紹介する本が数多く出版され、料理や製菓の専門学校にはカフェコースが新設されました。そしてその後、カフェは街中から郊外へと出店エリアを広げ、その数をどんどん増やしていきました。

しかし数年を経ずして、ブームは下火になっていきました。店舗数が増え、競争が激化したこと、ブーム当初にあった目新しさが薄れてきたことがその理由だと思われますが、その後のコーヒー豆などの原料価格の高騰、年々進行するデフレ化傾向、２００８年の世界同時不況、さらに２０１１年に起こった東日本大震災などの影響により、カフェ経営をめぐる状況は、年々厳しさを増してきています。周りを見ていても、閉店してしまうお店は数知れずあります。

そんな厳しい状況の中ですが、カフェをやりたいという人は、今でもいっぱいいます。そして多くの人が、ビジネスというよりはむしろ、自分らしい生き方の選択として、カフェを志向しています。彼らが模索しているのは、カフェを開業して成功店になるための方法論というよりは、むしろ自分の美意識や価値観にぴったりと沿ったカフェを、いくらかのお客さんに支えられながら、無理なく続けていくための方法論です。

僕は2001年に、大阪・キタの堂山町という繁華街で、「Common Bar SINGLES」という日替わりマスター制のバーを始めました。ここはもともと僕が常連として通っていた「Bar SINGLES」が閉店した後、その場所を維持するために、40人のマスターを集めて立ち上げたものです。2004年には、大阪・キタの中崎町という町の一角で、「common cafe（コモンカフェ）」を始めました。ここでは、カフェとしての営業をベースに置きつつ、演劇公演、音楽ライブ、映像上映会、展覧会、トークイベント、朗読会、セミナー、ワークショップといった、多彩な文化的イベントを日々開催しています。

かつて僕は、OMS（扇町ミュージアムスクエア）という、小劇場、ミニシアター、雑貨店、カフェレストラン、ギャラリーを備えた複合文化施設の仕事をしていました。エッジの効いた文化情報発信を行う場でしたが、2003年に施設の老朽化のために閉館しました。その閉館後に、個人レベルで作れるOMSを、と立ち上げたのが、「common cafe」です。この空間では、さまざまな表現活動に関心を持つ日替わり店主が、日々自分たちのやりたいことを試しています。

また僕は、コモンカフェから派生して生まれた「六甲山カフェ」にも関わっています。これは、六甲山の麓にある茶屋の一角でカフェを営業するというもので、イベントや日曜カフェとして始まり、今では数組の店主が週末ごとに入れ替わるシステムで回っています。

さらに、僕は四天王寺前夕陽丘にある公共施設「クレオ大阪中央」の中に2007年にオープンした「クレオ・チャレンジカフェ」に、立ち上げの頃からアドバイザーとして関わっています。このカフェでは、店主が6ヶ月の期間限定で入居し、カフェ運営の実務経験を積み、将来のカフェ開業に備えています。

出会いの場所として、表現の実験の場として、また新しいアイデアやプロジェクトを生み出す場として、カフェという空間は、大いなる可能性を持っています。その魅力に惹かれて、僕はもう10年以上もカフェやバーの運営に関わってきました。特に、一軒のお店を複数の人間でシェアするという実験を繰り返してきました。このシステムには、店主たちにとっては、今の仕事を続けながら自分のカフェや表現空間が持てる、また店を運営するスキルを身につけ、ネットワークを広げてから実際に開業につなげることもできるなど、メリットはいろいろあります。

しかしながら、日替わり店主というシクミでは、〝いつ行ってもあの店主がいる〟というお客さんの期待に応えることはできません。そして店主が日々入れ替わる中、一定のクオリティを担保し、つねにお客さんに満足いただくことができなければ、街場での存在意義を失ってしまいます。

本当の意味での「コモンカフェ＝みんなで共有するカフェ」とは、どういう形であるべきなのか。僕自身はお店を経営するかたわら、いろんな店に足を運びながら、自問し続けてきました。

その過程で見えてきたことを、今回一冊の本にまとめてみました。

この本を通じて、これからの時代のカフェの現実的な可能性や、カフェをやりたい人たちの夢が現実に押し潰されてしまわないための方法論をお伝えできればと思います。ぜひ最後までお付き合いください。

目次

1

カフェは「ビジネス」から「生き方」の時代へ

２００4年、僕がコモンカフェを始めた1ヶ月後に、すぐ近くにあった、30年ほど続いてきた喫茶店がお店を閉めました。10坪ほどの広さで、店内には漫画雑誌とスポーツ新聞が置いてあり、昼には定食を出している、ごく普通の町の喫茶店でした。

店主は閉店する前に「今からは厳しいで。うちは今、日に1万5千円ほどの売上しかない。昔はその3倍、4倍の売り上げがあったんやけど」と教えてくれました。

戦後の一時期には、喫茶店経営はサラリーマンよりも儲かっていたと言われています。また70年代には喫茶店開業ブームが起こっています。オイルショックを機に、サラリーマン生活に見切りをつけた多くの人たちが喫茶店を開業したことで、この時期、街のあちこちに喫茶店ができました。

80年代以降になると、チェーンショップの台頭により、個人経営の喫茶店の経営は厳しくなり、多くのお店が消えていきました。そして商売としての旬がいったん終わった後、90年代後半になってから、カフェブームは起こっているのです。

つまり、大局的に見ると、喫茶店（カフェ）は衰退産業なのです。

この章では、日本の喫茶店・カフェの歩みについて、明治時代に初めて喫茶店が登場した1

２０年前から振り返って見ていきます。西欧文化へのロマンから始まり、儲かるソロバンの時代を経て、もういちど自己実現のロマンの時代へと回帰するという日本のカフェの流れをお伝えしていきます。

1　一人の男の「ロマン」から始まった日本の喫茶店

日本で最初とされている喫茶店「可否茶館《かひさかん》」が東京・上野に開店したのは、１８８８（明治21）年、今から１２０年ほど前のことです。可否茶館の経営者は鄭永慶《ていえいけい》。代々長崎で中国語通訳をしていた家系の日本人です。

１８５９（安政６）年に東京に生まれた永慶は、幼い頃から中国語・英語・フランス語を学び、16歳で渡米、ニューヨークのエール大学に学びましたが、１８７９（明治12）年病気で中退しています。永慶は翌年、岡山師範中学校（現在の岡山大学）に赴任。多くの人に慕われた優秀な教師だったそうですが、２年後には東京に戻り、大蔵省に入りました。しかし学位がなかったため重用されず、１８８７（明治20）年に辞職。そのうえ家が火事で全焼するという不幸に見舞われました。

再出発をはかるべく、永慶は友人から借金をして、家の焼け跡に2階建ての西洋館を建て「可否茶館」を開業しました。30歳の時のことです。当時は欧化主義の全盛期で、「鹿鳴館時代」が華々しく幕を開けていましたが、鹿鳴館は限られた上流階級のみが占有する社交場で、中産階級や若い世代の人たちは足を踏み入れることができませんでした。永慶はそこで「大衆庶民や若者のための社交サロン」「知識の交友の広場」としての喫茶店を開店しようと考えたのです。

可否茶館ではコーヒーを出すだけでなく、ビリヤード・トランプ・クリケット・碁・将棋などの遊具をそろえ、更衣室・化粧

日本で最初の喫茶店とされる可否茶館（硯友社機関紙『文庫』19号〔明治22年4月〕挿絵より）

室・シャワーを備えていました。さらに硯に筆・便箋や封筒、国内外の新聞・雑誌・書籍を置き、図書館のように閲覧できるようにしていました。アメリカ留学時代に培った、人々が自由に集う交流の場としてのカフェのイメージが、そこには込められていたのでしょう。

しかしながら、可否茶館のこうした提案は、時代の先を行きすぎていたようです。苦味や酸味の立った異国の飲み物を飲むという習慣がまだ日本に普及していない時代、そして盛りそばが8厘、米1升が3銭5厘だった時代に、コーヒー一杯に1銭5厘（今で言えば1000円近く）を出そうという人は少なかったようで、赤字経営が続きました。永慶は土地を抵当に入れて借金し、相場に手を出して資金を作ろうとしましたが、逆に失敗して全てを失ってしまいました。店を閉めた永慶はその後アメリカへ旅立ち、シアトルで37歳の生涯を終えています。

この話のポイントは、永慶が金儲けとしてではなく、今の僕らと同じように「西欧のカフェ文化を日本に伝えたい」というロマンから喫茶店を始めていたということです。

2　ビジネスとしてのカフェの時代

喫茶店がビジネスとして成立し始めた時代

可否茶館以降、コーヒーは主に洋菓子屋・パン屋・レストランのメニューの一つとして提供され、コーヒーをメインにしたお店はマイナーな存在でした。明治時代を通じて、東京市の喫茶店数は50軒から70軒の間を推移しています。

こうした状況にブレークスルーが訪れるのは、1911（明治44）年のことです。この年、日本の喫茶店史上、重要な意味を持つ3軒のお店が、東京にオープンしています。「カフェー・プランタン」「カフェー・パウリスタ」そして「カフェー・ライオン」です。

「カフェー・プランタン」は、ヨーロッパのカフェに憧れた新進の芸術家たちが、仲間同士で落ち着いて話すことのできる場所として作ったお店です。京橋にあった明治初期の煉瓦街の建物を、有名な建築家・画家らが協力して模様替えし、パリのカフェを彷彿させるお店に仕上げました。経営者である洋画家の松山省三は、常連客から維持会員を募り、50銭の会費を取って経営の足しにしていました。ある意味コモン・カフェだったわけです。会員には黒田清輝、森鷗外、永井荷風、坪内逍遥、谷崎潤一郎、高村光太郎、北原白秋、松井須磨子、小山内薫など、文学、美術、演劇などの分野で活躍していたそうそうたる顔ぶれが並んでいます。

「カフェー・パウリスタ」は、日本からブラジルへの移民送り出しに貢献した水野龍が、サンパウロ州政府からコーヒー豆を無償で提供され、ブラジルコーヒーを宣伝・普及させるために銀座に開いたカフェです。もともと商人気質を持ち合わせていなかった水野は、コーヒー一杯を5銭（約250円）と採算度外視で提供し、一般の人々にコーヒーの魅力を伝えることに専念しました。パウリスタは、学生や商店の小僧でも気軽に入れる値段と雰囲気で人気を博し、一時は22店舗を展開するまでになりました。

築地精養軒が経営した「カフェー・ライオン」は、店内にバーやサロン、食堂を設け、洋酒や洋食を主なメニューとしていました。特に人気を呼んだのは、女給によるサービスです。20歳前後の女給30名を置き、アルコールを売りにした「カフェー」の出現が、喫茶店を大衆化する原動力となりました。

西洋のカフェ文化を日本にも根付かせたい、というロマンからスタートした日本の喫茶店の歴史は、その後西洋文化の浸透を追い風に、維持会員システム、コーヒー普及センター、そして水商売という業態を明治末期に生み出し、その後一般に普及していったのです。

明治末から大正にかけてはまた、ミルクホールと呼ばれた大衆的な喫茶店が、広く人々に親しまれるようになりました。当初は学生や書生がミルクを飲みながら新聞や官報を閲覧する場所でしたが、やがてコーヒー、清涼飲料、パン、ケーキ、洋食なども提供するようになりました。コーヒー一杯5銭、ドーナツ一皿5銭という手頃な値段で人気を集めましたが、その後喫茶店の影響に押され、姿を消していきました。

以後、喫茶店＝カフェーが世に知られるようになってきたこと、そして1923（大正12）年の関東大震災によって、都市の空間利用が一挙に更新されたことで、喫茶店はその数を飛躍的に増やしています。「東京市統計年表」によると、1922（大正11）年には32軒だった東京市の喫茶店数は、1932（昭和7）年には2056軒を数えています。

この時期の喫茶店は、コーヒーを楽しみながら友人と語らうことのできる大衆的な社交場として、人気を集めるようになっていました。大衆文化が一気に開花し、洋装で着飾ったモダンボーイやモダンガールが盛り場を闊歩していたこの時代、都市の中を動き回る不特定多数の人々の休憩、語らい、待ち合わせや商談、情報交換のための場として、喫茶店が求められたのです。

そして女給のサービスを中心とした「カフェー（特殊喫茶）」に対して、純粋に喫茶行為を楽しむお店は「純喫茶」と呼ばれるようになりました。

喫茶店が儲かった時代

そしてこの頃から、喫茶店は「儲かるから始める商売」に変わってきています。

１９３６（昭和11）年に出版された『五百圓でできる喫茶店開業案内』（染谷濱七著）は、以下のような文章で始まっています。

> 喫茶店は文字通り水を金に換えるのですから、他の商売に比べて、儲けの多い商売です。才智があり、資本があり戦備が全く整っているならばいざ知らず、素人にでもできる、失敗のない商売としては、喫茶店を除いて他にないでしょう。店の感じを良くし、味覚に注意して、少し客を吸集することができれば一日に五圓少なくとも三圓の利益を得るのは訳ないことです。
>
> 喫茶店経営の面白味というものは、他の商売が大資本の前には手も足も出せない惨めさにかかわらず、喫茶店に限って、繁華な大通りに豪壮な建築を誇る店をも、ちっぽけ

な裏通りの店に幾数倍かの比率利得があるか分からないところにあるのです。

当時の「3圓から5圓の利益」は、現在でいえば1万5千円から2万5千円に当たります。喫茶店は当時、それ位の儲けを見込むことができるビジネスに成長していました。そして500圓（同250万円）あれば開業できる、そういう時代だったのです。

1937（昭和12）年には、コーヒー豆の消費量は戦前最高を記録しています。しかし同年に日中戦争が勃発し、国をあげて戦時体制へと突入していく中で、贅沢品としてのコーヒー豆の輸入は規制され、数多くの喫茶店は閉店を余儀なくされました。

戦後間もなく、大都市ではあちこちで喫茶店が復活し、数少ない大衆の娯楽として人気を集めました。当時、都心の住宅は貧弱な状態にあり、多くの若者たちは四畳半か六畳の下宿屋かアパートで、家族でも二間ぐらいの部屋で暮らしていました。そのためいち早く冷暖房設備、テレビ、電話、オーディオを備え、SPレコードを充実させた喫茶店は、書斎や応接室、居間の代わりとして利用されていたのです。また当時は応接室・会議室を備えていない事務所も多かったため、喫茶店は接客や商談のためのスペースとしても重宝されていました。

一方、この時期には、喫茶店は普通の人は手を出さない水商売とみなされていたようです。

1948（昭和23）年に東京・品川区の五反田で喫茶店「ギルビー」をオープンした故・有馬秀子さんは、著書『今宵も、ひたすら一生けんめい』の中にこう書いています。

喫茶店やバーの経営は、社会的に非常に低く見られておりました。親戚からは、「それなりに豊かな生活をしているのに、なぜわざわざこんなことを始めるのか」と疎まれました。我が家へよく遊びに来ていた友人たちも、ぱったりと寄りつかなくなり、「もう、なんだってあんな商売するの」などと陰口を叩かれることもしばしばでした。

反面、当時個人で喫茶店を経営していた人は、大いに儲かっていました。

和歌山市内で「エカワ珈琲店」という珈琲豆店を営む江川さんは、かつて母親が経営していた「純喫茶コロナ」（1955〔昭和30〕年開業）について、ブログにこう書き記しています。

遠い昔、喫茶店には「バーテンダー」と呼ばれる人が、働いていました。彼らは、布フィルターでコーヒーを淹れる技術に熟練しているという理由だけで、その頃の平均的なサラリーマンの月収とは、くらべものにならないほどの月収を得ていました。誰でも一時間もあれば習得できる簡単な技術に高給を支給できる時代も、喫茶店にはありました。３人から５人ぐらいで廻している喫茶店なら、自宅を改装して出店した場合、２ヶ月もあれば、出店費用を回収できた時代です。（中略）私たちの母親は、あっという間に、それも普通のサラリーマンでは考えられないような収入を手にするようになりました。

こうした繁栄の背景にあったのは、高度経済成長です。朝鮮戦争の特需景気を受けて急速に産業を復興させた戦後の日本は、繊維・造船・鉄鋼などの重厚長大型産業に牽引され、また家電を中心とした大量生産もこの時期にはじまり、国全体が空前の好景気を迎えていました。当時の喫茶店も、こうした時代の追い風に乗り、大いに儲かっていたのです。

70年代の喫茶店開業ブーム

１９７０年から71年にかけて放送され、人気を博したテレビドラマ「二人の世界」（主演：竹脇無我・栗原小巻、脚本：山田太一）。このドラマの主人公は、脱サラして喫茶店（スナック）を開く夫婦です。サラリーマンの夫が仕事にやりがいを見出せなくなり、幸せな新婚生活を送っていた二人の関係がギクシャクしてくる。そこからお互いに協力し合って生きていこうと、会社を辞めてスナックを開業する、というのが大まかなストーリーです。
このドラマが作られた70年代前後、日本の喫茶店の数は驚異的な増え方をしています。１９６６（昭和41）年には２万７千軒だった日本の喫茶店数は、１９８１（昭和56）年には15万５千軒と、15年間で約６倍、１年当たり８５００軒が増えています（総務省統計局『事業所統計調査報告書』より）。ブームを支えるように、70年には柴田書店が『季刊喫茶店経営』を発刊（翌年月刊化）。またこの時期、多くの喫茶店経営の指南書が出版され、服部栄養専門学校では喫茶・スナック専門コースがスタートしています。

喫茶人口はますますふえているが、それにもまして喫茶店の数はふえている。とくにビルやショッピングセンターの中には、かならずといっていいほど何店かの喫茶店が含まれるし、住宅開発で急激に人口のふえている都市のベッドタウン的地方都市では、それまで喫茶店らしい喫茶店がなかっただけに、そのふえ方には目を見張るものがある。
（月刊食堂編集部編『儲かる喫茶店経営』柴田書店、１９６９年）

このように、今から40年前にも「喫茶店ブーム」がありました。当時のブームが10年前のカフェブームと大きく違うのは、当時の喫茶店は今よりも儲かっていた、ということです。サラリーマンより喫茶店の方が収入も良く、うまくいけば2店目、3店目を出店することもできる。そんな夢に多くの人が飛びついたのです。

当時の喫茶店ブームの中で特に増えてきたのが、コーヒー豆を自家焙煎して、一杯ごとに淹れたてのコーヒーを提供する「珈琲専門店」です。モカ、キリマンジャロ、ブルーマウンテンと、豆の種類が産地ブランドで選べるようになったのはこの頃のことで、ネルドリップで淹れたほうがおいしい、サイフォンで抽出した方がコーヒーの香りがする、といった議論がコーヒー通の間で交わされるようになりました。「違いのわかる男たち」は、この時代に登場するのです。

喫茶店の数が急激に増えたことで、業界ではこの時期から競争が激化し、苦戦するお店も多くなりました。この時期には従来の純喫茶でもモーニングサービスや軽食メニューなどを取り入れるお店、アルコールを出すお店も増えていきました。さらに時代が下ると、ゲーム喫茶、カラオケ喫茶などが登場しています。これらの新業態はすべて、個人喫茶店の生き残りをかけた差別化戦略としてとらえることができます。

チェーン化と個人経営喫茶店の凋落

またこの時期に進んだ外食産業の効率化・資本化・チェーン化は、その後個人喫茶店の経営を脅かす要素になっていきます。

コーヒー豆の焙煎会社として創業したドトールコーヒーは、１９８０（昭和55）年、東京・原宿に「ドトールコーヒーショップ」一号店をオープン。〝立ち飲みコーヒー〟というコンセプトで、セルフサービスを導入し、コーヒー一杯を１５０円で提供しました。女性が一人で安心して入れる店作りに努めたことで支持を集め、都心部では徐々にセルフサービスのコーヒーショップが主流を占めるようになりました。

ドトールは２０１１年12月末現在で、ＦＣ・直営合わせて１１１５店を数えるまでに成長しています。都心部では徐々にセルフサービスのコーヒーショップが主流を占めるようになり、従来型の喫茶店は淘汰が進んでいきました。そして日本の喫茶店の数は、１９８１（昭和56）年の15万５千軒をピークに、以降減少の一途をたどっていきます。

さらに80年代後半に起こったバブル経済は、個人経営の喫茶店にはマイナスに働きました。この時期、低金利政策により土地・株式への投資が進み、地価が右肩上がりに上昇しましたが、その影響で家賃が急上昇したことで、多くの喫茶店では経営が成り立たなくなり、姿を消していきました。そして特に駅前などの高家賃エリアは、賃料負担力の高いチェーンショップだけが生き残る現代的風景に変わっていきました。

喫茶店経営のビジネスとしての旬は、この時期にいったん終わりを迎えています。

喫茶店開業—かつてはバラ色の響きを伴ったこのフレーズが、今では重苦しいニュアンスを含んで聞こえる。必ずしも成功を約束されるものではなくなったからだ。立ちはだかる家賃高騰と人件費高騰、これをクリアする経営計画抜きに、イージーな開業はタブーとなったからだ。（『月刊喫茶店経営』１９９０年より）

そしてこの時期に、喫茶店が胚胎していた文化も失われていきました。美術作家・編集者の故・永井宏さんは、著書『カフェ・ジェネレーションＴＯＫＹＯ』の中でこう書いています。

80年代の後半から90年代にかけて、かつてあったような文化や意識や精神をゆるやかに共有させてくれるような喫茶店が次々と消えていってしまった。それまで、そんなものを漠然と求めて喫茶店を利用していた多くの客が、その必要性を感じなくなってしまったのだ。バブルの影響下、多量の情報とスピードで様々な空間が生まれ続け、そこに何もかもが一緒に放り込まれてしまっていたので、寛ぐより先に、体験する方が忙しく、それを批判する間もなかった。個人的な柔らかな時間を持ち、それをじっくりと味わうということが必要のない時代だったのだ。(中略)僕はその時代までに多くの喫茶店＝カフェがなくなってしまったのだと思っている。様々な条件が個人の意志やコミュニケーションの必要性を意識的に無効にしていってしまったのだ。

カフェブームの到来と終焉

こうした凋落の時代のあと、90年代半ばになってから、カフェブームが訪れています。バブル崩壊後の賃料下落を背景に、欧米にある「カフェ」により近いスタイルのお店が、一気に登場したのです。この時期にいくつかの飲食業態から〝カフェ〟へのアプローチが起こり、同時に「カフェ」という呼称も一般的になっていきました。

93年、それまでレストラン経営を主体としてきた「ひらまつ」が広尾に「カフェ・デュ・プレ」というフランスのカフェそのままのスタイルのお店を出店、94年に表参道店をオープンしたことで人気に火がつき、連日超満員の繁盛店となりました。

95年には、恵比寿でイタリアン業態の「イル・ボッカローネ」「ラ・ビスボッチャ」と立て続けにヒットを飛ばしていた「オライアン」が、原宿の竹下通りに「オー・バカナル」という「カフェ＋ベーカリー＋ブラッスリー」の大型店舗を出店、明治通りの路面に面したオープンカフェは話題を呼びました。

コーヒーチェーンの動きとして大きなインパクトを持ったのは、〝スタバ〟の上陸です。96年に、ワシントン州シアトルを発祥とする「スターバックスコーヒー」が銀座に1号店をオープンしました。スターバックスでは、それまでのアメリカンコーヒーに対して、ヨーロッパでは主流だった、深煎りした豆を蒸気圧によって抽出したエスプレッソをベースに、カフェラテやカプチーノなど、ミルク、豆乳、チョコレートシロップなどを加えるスタイルが人気となり、コーヒーの飲み方のバリエーションを広げました。

スターバックスの後を追うように、「シアトルズベスト」「タリーズコーヒー」なども日本進出を果たしました。これらのシアトル系カフェは250円以上という新しい価格帯を設定し、低価格コーヒー店とは異なる顧客ニーズを狙いました。これを受けて国内の既存チェーン各社も同様の業態を立ち上げています。

カフェブームの仕掛け人と呼ばれるプロデューサーも、この時期に登場します。世田谷区・

駒沢公園の「バワリー・キッチン」（97年）、裏原宿の「ロータス」（00年）をプロデュースした山本宇一氏、東急線渋谷駅高架下の「ＳＵＳ（シブヤ・アンダーパス・ソサエティ）」（01年）の成功の後、「ワイアード・カフェ」を展開するカフェ・カンパニーの楠本修二郎氏らが特に知られる存在です。彼らはカフェブームの草創期に時代感覚にフィットしたお店を出して成功し、その後多くの飲食店のプロデュースを任されたり、多店舗展開を行ったりするようになりました。

さらに「カフェ・コムサ」「ロイス・カフェ」といったアパレル系企業が経営するカフェを中心にした異業種参入組のカフェも登場しています。「カフェ」という新たな飲食業態に可能性を見出した事業者たちが、この時期に続々と参入し、百花繚乱の様相を呈するようになりました。

オープンテラスが街に花を咲かせ始めたのが3年前。まるで街のワガママをあやすように、本当に細かく枝分かれした。今やレストランやバーといった形態ともクロスオーバーして、もはやお茶だけにとどまらない様子。「ちょっとお茶しに」気分を満たすために、こんなに豊富に出揃った選択肢を素直に喜びたい。そう、その心は街行く人々にくつろいでもらおう、であるからして…。カフェ万歳！（『Meets Regional』１９９９年10月

特集『ちょっと、お茶しに』の街と店」より)

3　再び「生き方」としてのカフェの時代へ

こうした流れと並行して、個人オーナーが自己表現という動機から小資本でカフェを開業するという動きが、90年代の半ば以降、にわかに活気づいてきます。その源流は、アフタヌーンティーに見ることができます。

81年、サザビーズは渋谷のパルコ・パート3に「Afternoon Tea(アフタヌーンティー)」という、生活雑貨店とカフェが一緒になったお店をオープンしました。フランスやイギリス雑貨を並べたヨーロピアンテイストの空間は、ヨーロッパのカフェ文化と、カフェのある生活スタイルへの憧れを、若い女性たちに強く意識させました。

アフタヌーンティーは飲食にとどまらず、小物雑貨や家具といった住関連商品から衣料品に至るまで、ヨーロッパの生活をトータルに編集、紹介しました。そこにあったのは、売れるものを仕入れて売るのではなく、自分たちが売りたいものを売るという姿勢でした。

アフタヌーンティー以降、ヨーロピアンテイストの雑貨店が次第に増えていきました。1982（昭和57）年に創刊された雑誌『オリーブ』は、「リセエンヌ」というイメージでヨーロッパのファッションや雑貨を繰り返し特集、「オレンジハウス」「私の部屋」「F.O.B.COOP」「ZONA」「キャトル・セゾン」などの雑貨店が頻繁に紹介されました。そして90年代になると、これらのリーディング・ショップや雑誌が提示してきたテイストを吸収した若い人たちが、個人的な好みを体現した小さな雑貨店を、次々にオープンさせるようになりました。

雑貨ブームとともに、西洋料理への関心も高まり、多くの女性たちが自宅で料理やパン・スウィーツなどを作るようになりました。そしてその先に、雑貨的なテイストを持つ、日常の生活感を大切にしたカフェを始める人たちが出てきました。アメリカやヨーロッパに憧れ、生活を急速に西洋化させてきた日本において、さまざまな海外の文化に憧れてきた若い世代が、その先に自分たちの嗜好を表現するための空間として、カフェを再発見したのです。若いオーナーたちは、独自のフード・スウィーツ・ドリンクを充実させたり、空間デザイン、インテリア、BGMといった飲食以外の要素を重視したり、お店でフリーペーパーを発行したり、オリジナルグッズを作ったりと、自分自身の価値観を反映させたお店を作り出していきました。

『オリーブ』は98年9月号で「決定！カフェ・グランプリ」と題した特集を組み、東京・大阪・京都・神戸のカフェを一挙に紹介しました。この頃から「カフェブーム」という言葉が一般に使われるようになっています。2000年には飲食業界誌『月刊喫茶店経営』（柴田書店）は『cafe sweets』と名前を変え、新たに登場したカフェの動向について、オーナーへのインタビューを通じて紹介していきました。その後カフェを紹介する本や雑誌が数多く出版され、カフェオーナーが注目される存在となり、多くの人がカフェ開業を目指すようになりました。今では都心部だけでなく、地方都市や郊外にもセンスの良いカフェが次々と登場しています。

しかしながら、ブームの時期以降に開業し、その後長続きせずに閉めてしまったお店も、数知れずあります。

『cafe sweets』の2002年1月号には「カフェオーナーになるためには」という特集が組まれていましたが、2004年1月の特集は「カフェを10年続けるためには」です。ちょうど僕自身がコモンカフェを始める時期だったのでよく覚えていますが、「カフェを長く続けていくことは難しい」という認識は、当時すでに一般的なものとなりつつありました。

喫茶メインのお店は、昔と違い、大きく儲かるビジネスではありません。さらにブームによって店舗数が増え、競争が激化したこと、コーヒー豆などの原料価格が高騰したことなどにより、利益を上げるのがどんどん難しくなっていきました。数年前には飲食店の生存率は開業3

年後で30％、平均寿命が3年と言われていましたが、年々進行するデフレ化傾向、2008年の世界同時不況、2011年の東日本大震災などの影響により、状況はさらに厳しくなっています。

〝今、カフェの経営は難しい〟。多くの人はすでに、そのことに気づいています。

ところが近年、カフェ開業を目指す人はむしろ増えている感さえあります。そして多くの人が、開業の目的を儲けではなく、自分らしい生き方の選択に置いています。自分の価値観を大事にしたい、納得のいく仕事をしたい、お客さんとの関係性を自分で作りたい、自分のペースで生きていきたい…他の職業では難しい、こうしたライフスタイルを実現できるカフェに、多くの人が憧れています。

2007年に発行された柴田書店MOOK『カフェ開業読本』には、店主たちのこんなコメントが紹介されています。

二人とも忙しく仕事をしてきて、それなりに充実感はあったのですが、時間＝人生と考えたら、時間をお金に換える生活はもったいないなと感じるようになって。二人での

んびり暮らしていけるような仕事がしたいと考えるようになりました。（「八百コーヒー店」（東京・文京区）店主）

一年ほどして自分ができる上限というものがわかって、心境の変化がありました。無理をしない、自分らしくやれることをやればいいんだと気づいたんです。人件費はかからないし、メニューを整理し、フードを工夫して原価率を下げれば、一日20人程度の来客でなんとかなることがわかってきました。それからは、売上にこだわるより、自分らしさを優先させました。そうしたことで、お客さまが増えたような気がします。

（「Room-1022」（東京・三鷹市）オーナー）

70年代の喫茶店開業ブームの時代にも「生きがい追求」というモチベーションから喫茶店を始める人たちがたくさんいました。特にオイルショックにより経済成長が鈍化したことで、雇用調整された人たち、会社生活に見切りをつけた人たちが喫茶店業界に流れたことで、さらに加速していきました。

今の時代では、状況はさらにシビアになってきています。リストラされた、安い給料で長時間働かされている、今の仕事に先が見えない、といった現状を抱えるオフィスワーカー。結婚や出産で会社を辞め、育児が一段落した段階での社会復帰を望んでいる女性。クライアントありきの仕事から離れたい、じかにお客さんと接する仕事がしたいと考えるクリエイター。こうした人たちにとっての一種のユートピアとして、カフェはあるのです。

「かもめ食堂」（２００６年公開）という映画があります。主人公は、ヘルシンキを舞台に小さな食堂を営むサチエ（小林聡美）。日本食にこだわるこの食堂を、地元の人たちは当初遠巻きに見ていて、なかなか足を踏み入れませんが、サチエは自分の信念を曲げることなくお店を続けます。そこに悩みや空虚感を抱える日本人女性・ミドリ（片桐はいり）とマサコ（もたいまさこ）がやって来て、いつしかお店で働くようになります。おにぎりのレシピを改良したり、シナモンロールを焼いたりといったお客さんを呼び込むための工夫を重ね、徐々にお客さんが増えていきます。最後には、満員のお客さんがやって来るほどに、お店が地域の人たちに受け入れられるようになります。

この物語は、今の時代のカフェへの憧れのありようを、巧みに描き出しています。何らかの理由で人生に立ち止まっている人たちのオアシスとしてお店が存在し、自分の信じる道を貫き通すことで、たどり着ける地平がある。それは「売れるお店になる」といった単線的なサクセス・ストーリーではなく、経済と信念とモチベーションが複雑にからみ合ったものなのです。

日本のカフェの歴史は、西洋文化に憧れた店主のロマンに始まり、儲かるソロバンの時代を経て、そして再び自分のやりたいことを追求するロマンの時代に回帰しています。この〝ロマンの時代〟のカフェ経営において大事なことは、自分の美意識や価値観からぶれないお店を、無理なく続けていくための自分なりの方法論を見つけ出すことにあるのではないか、と僕は思っています。

Column

パリのカフェをつくった人々

現在、パリのカフェ、ブラッスリーの経営者のうちの8割以上が、オーヴェルニュ人である。使用人、ギャルソンの出身地に関しては正確な数字がつかみ難いが、やはりオーヴェルニュ人が圧倒的な多数を占めていることはたしかだ。だからあなたが、「いかにもパリ」と感じたカフェのギャルソンが実際にパリジャンである可能性は1、2割。すべて、とはいわなくても、まず〝十中八、九〟はオーヴェルニュの田舎から出稼ぎに来た男である確率が高いのである。（玉村豊男『パリのカフェをつくった人々』1997年より）

オーヴェルニュは、フランス中南部に位置する山間の地方です。お洒落なパリの代名詞でもあるカフェの多くは、この貧しい山国出身の人たちによって、ほぼ独占的に営まれてきました。

17世紀末、過疎化が進み、構造的不況に苦しんだオーヴェルニュの人たちは、食べるための仕事を求めてパリへと出稼ぎに出るようになりました。彼らが始めたのは、多くの人が敬遠していた重労働です。働き者で体力に秀でたオーヴェルニュの男達は、午前中は水運びの仕事、午後の空いた時間は炭を売る商売に勤しみました。当時のパリは水道設備が貧弱で、彼らは水を満たした15リットル樽を天秤棒の両方に担いで、アパートの上の階の住民へ運んでいたのです。

上下水道の整備によって水運びの仕事が成り立たなくなると、彼らは炭を売る商売を拡大しました。この商売が成功したことで、裏通りに小さな炭屋を構えるようになった彼らは、そのスペースの一部で故郷のワインを売り始めました。裏通りにあったお店は、仕事をさぼって一杯ひっかけるのにうってつけだったようで、カウンターだけの店ながらお客さんを増やしていきました。

炭屋が忙しくなる冬の時期は、主人達は故郷から親戚や知人を、農閑期間の臨時の手伝いとして呼び寄せました。冬はパリで炭屋兼酒屋を手伝い、夏はオーヴェルニュの山でチーズ作りに精を出すという生活が、それなりにまとまった収入になったことで、冬の間に出稼ぎにパリに出て行くオーヴェルニュ人は次第に増えていきました。

そして次第に、その炭屋兼飲み屋は、経営者も働き手も、オーヴェルニュ人たちで占められるようになっていきました。飲み屋は結構儲かる商売だったため、やがてこれを専業として始める人たちが現れます。これが、パリのカフェの起源です。

それが綿々と受け継がれるなかで、同郷のネットワークが形成され、カフェの経営だけでなく飲料の流通も取り仕切るなど、〝マフィア化〟が進行していきました。

生まれた村をはじめて出て、生まれてはじめて見る汽車に乗ってパリにやってきた若者も、そのまま先輩の中に受け止められて自然にカフェの仕事に馴染んでいく。仲間はすべて同郷人である。仕事が終わればおおっぴらに方言が話せ、パリにいてもオーヴェルニュ特産のハムやソーセージをいつでも食べることができる。あとはただひたすら働けば、余分にチップがもらえて小ガネが貯まる。そして十年も働けば親方に資金を借りて独立することができ…次々にカフェの新しい経営者が育つのである。

この間に、稼ぎがしらの先輩は、パリの都心に進出して大店を構えるようになる。ワインが売れるようになると炭屋を廃業し、その分スペースを広げてきれいな店にする。そしてカフェを売り出してもうかると、今度はもっとよい場所に、もっと大きな店をつくる。前の店は、後輩にゆずる。こうしてカフェ業界ではオーヴェルニュ人のヒエラルヒーができあがり、その頂点はパリ財界でも有数の存在へと成長していった…（玉村豊男『パリのカフェをつくった人々』より）

このように、パリのカフェは何代にも渡ってオーヴェルニュ人に引き継がれてきたのですが、今ではその割合は30パーセント程度に減っているそうです。若い世代が朝から晩まで働くハードな仕事を嫌い、店の権利を売り渡すケースが増えているからだそうで、オーヴェルニュ人に代わって、中国人が続々とカフェやブラッスリーのオーナーになっているそうです。

中国の人たちも古くから、大都市の中で同郷出身者の互助組織を作ってきました。近年までは国内外によらず、中国人は着の身着のままで見知らぬ町にやって来ても、同郷のコミュニティに入れば最低限の生活は保障されたといいます。日本にも、職業選択の幅が限られていた地方の人たちが、都市において同郷ネットワークを形成し、飲食店や風呂屋などの商売を独占していくという事例はいくつもあります。その業種で働く機会に恵まれ、経験を積むことができ、そして資金・物件の提供を受けて開業できるというのれん分け的システムは、歴史的にみても最強のビジネスモデルといえます。

今カフェを始める人たちのほとんどは、こういう互助システムを持っていません。開業資金も、店舗物件も、赤の他人から借りるわけですが、スタートアップの時期を乗り切るために、カフェ開業者のネットワークを作って活用するという方法論を改めて考えてみるというのも、一つの有効な方法かもしれません。

2

「やりたいこと」だけでは続かない

1　なぜ、すぐにお店をやめてしまうのか？

僕がはじめてお店を開業したのは、２００１年5月のことです。大阪市北区堂山町にあり、僕が行きつけていたバー「シングルズ」が閉店することになり、そのお店をどうにか維持しようと、日替わりマスターという仕組みを思いついたのがきっかけでした。

シングルズの先代店主は、僕と同い年の女性でした。店主に閉店を告げられた僕ら常連客は、「みんなでお客さんを集めるから」と継続を呼びかけましたが、結局店主の意志は変わりませんでした。

その時に彼女から聞いた理由は、「そんなに儲からないのに、氷やら食材やらを持って毎日お店に入ることが、やりたいことがいろいろあるのにお店に縛りつけられて動けないことが、精神的にしんどい」というものでした。

カフェブームの頃には、カフェ開業の方法について指南するマニュアル本が、数多く出版されました。そうした開業本ではオーナーたちのインタビュー、成功するカフェのポイント、開業計画の立て方、店舗づくりやオープンの準備など、開業前に必要な知識や情報が主に紹介されていました。一方で、お店ではどんなトラブルが起きるのか、どういう理由でお店を閉めてしまうのか、いったん始めたお店を長く続けていくために必要なことは何か、といった、開業後に活かされる知識や情報については、ほとんど触れられていませんでした。つまり、開業してから後の舵取りの方法は、店主が自ら見つけ出していくか、実際にお店を経営している人から教わるしかなかったのです。

不景気が続いている昨今、カフェの廃業も増えてきています。せっかくお店を始めたのに、半年、1年とたたないうちに閉めてしまうというケースも数多くあります。ですが、ここで強調しておきたいのは、店主が廃業という苦渋の選択をする背景には、経済的理由があるだけではなく、もう少し複雑な葛藤を味わっているということです。

自分の夢を実現してお店を出したオーナーには、プライドがあります。またお店の経営は、軌道に乗るまでにはいくらか時間がかかります。だから多くの店主は、儲からなくてもすぐにお店を閉めたりはせず、借金したり、外に働きに出たりしながらでも、どうにかお店を持たせようとします。むしろ、店主がお店を続けていくモチベーションを失ってしまった時に、継続をあきらめてしまうのです。

そこで大きなポイントになっているのは「想定外」です。開業するまでカフェに対して抱いてきたイメージと、開業後に見えてきた現実とが大きくズレていたこと、そしてそのために、お店に立つモチベーションが維持できなくなってしまったところに、閉店の本当の理由があるように思います。

この章では、カフェを開業したにも関わらず、長続きせずやめてしまった人たちの事情を知るところから、カフェを続けていくためのポイントについて考えていきます。

オープンして初めて気づくこと

念願のカフェをオープンさせて1ヶ月。

自分のイメージにピッタリの物件を見つけて、あわただしく契約を済ませたのが半年前。内装のプランを固めて、壁のペンキ塗りなど、内装工事でやれることは自分たちでやって、テーブルや椅子、厨房設備、調理器具を揃えて、ホームページを立ち上げて、仕入れ先を決めて、メニューの試作を重ねて、オープニングの準備をしてと、あわただしい日々を過ごしてきた。

オープニングパーティーには、たくさんの友達がお祝いに駆けつけてくれた。夢が実現したという充実感につつまれ、本当に幸せな瞬間だった。

でも実際にお店がオープンしてからは、お客さんはほとんどやって来ない。平日はお店の前を行く人もまばらで、お店の中に入って来てくれない。オープンするまでは、お店を開けさえすればお客さんは来るものと思い込んでいたけれど、現実はそんなに甘くはなかった…

毎日ランチの仕込みをして、ケーキを焼いて、でも売れ残ったら捨ててしまわないといけない。一日の売上が数千円の日も。こんなことでやっていけるんだろうか…自分は世の中に受け入れられていないんじゃないだろうか…

オープン前からホームページを立ち上げて、日々の準備の様子をブログに書き綴ってきた。オープンしてからしばらくは、新しいメニューやお店に来てくれたお客さんのことを書いてきたけれど、ハイテンションでブログを書き続けることにも疲れてきて、最近はなかなか更新できていない…カフェが好きだからお店を始めたのに、始めてしまうとほかのお店にはなかなか行けない…そもそも私、一つの場所に張りついて仕事をするのに、向いてなかったかも…

お店をオープンしたばかりの店主は、こういうブルーな気分を味わいがちです。

今のカフェでは、フード・ドリンクのクオリティはもちろんのこと、お店の内装や外装、BGM、印刷物やホームページのデザインにもセンスの良さを発揮しないと、なかなか注目してもらえません。そのため、開業にはかなりのプロデュース能力が要求されます。そして錯綜する多くの作業をこなしてお店のオープンに漕ぎつけるわけですが、お店がオープンしたあとの仕事は、毎日同じことの繰り返しです。そのギャップに、当初は戸惑います。

またお店を持つまでは、いろいろな場所に足を運んだり、いろんな人と会って協力を呼びかけたりという日々を過ごしますが、開業後は一日の大半をお店の中で過ごし、会えるのはお店に来てくれた人だけ、という状態になります。そのために、お客さんが少ない日が続くと、不安になり、気が滅入ってきます。僕自身も、コモンカフェを始めてから半年ほどの間は、「周りにおだてられて崖をよじ登り、15メートルほど登ってから命綱がついていないことに気づいた」という意識がありました。開業費用が予想以上にかさんだこともあり、お店の中にずっといて、誰もお客さんが来ない時間が続くと「とんでもない失敗をしでかしたかも…」という気分になったものです。

今では流行っているお店でも、オープン当初は全く人が来なかった、ということは珍しくありません。新しいお客さんが定着して経営が安定し、自分自身の気持ちの波が静まってくるようになるまでには、半年から1年ぐらいはかかります。この時期にモチベーションを落としてしまい、早々にお店を閉めてしまう、ということが、現実には起こるのです。

忙しすぎる！

カフェという空間の中では、時間がゆっくりと流れているイメージがあり、そこに憧れてお店をやりたいと考える人も多いのですが、飲食業の現場は、時に戦場になります。特にオフィス街など、ランチタイムにお客さんが集中するエリアでは、自分のキャパを超えるお客さんが殺到してパニックになってしまう、ということも起こります。伝票がズラーっと並び、オーダーを受けてから出すまでに20分、30分。「少々お待ちください」を繰り返している間に、お客さんが怒って帰ってしまう。こういう状況が続くと、こんな忙しい仕事をしたいわけじゃなかった、と思うようにもなります。また、せっかく来てくれたお客さんと

飲食業の現場は、時に戦場のような忙しさに

話ができないことも、フラストレーションの原因になります。

カフェの仕事には、開店前には買い出しと仕込み、閉店後にも片付けと翌日の仕込みなどがあり、かなりの長時間労働になります。さらにホイッピングで肘を痛める、重い物の持ち過ぎで手首を痛める、長時間の立ち仕事で腰を痛める、といった職業病もあります。睡眠不足が続くと、自律神経に失調を来すこともあります。このように、無理な状態で働き詰めたことで、体を壊してお店を閉めてしまうという例を、僕もいくつか見てきました。このあたり、飲食業経験のない人は、ぜひ注意してください。

お客さんから受けるストレス

お客さんから受けるストレスで、お店が続けられなくなることもあります。

クレームを受ける、ブログでお店のことを酷評されるといった、単発で終わるようなことであれば致命傷には至りませんが、毎日のようにやってくるお客さんから受けるちょっとしたストレスが、じわじわと店主を疲弊させていくことがあります。

毎日のように足を運んでくれるお客さんは、お店にとってありがたい存在です。しかし毎日のようにお店に足を運ぶお客さんの中には〝残念な人〟が混じることがあります。

とある喫茶店に入った時に、カウンター席に突っ伏して眠っている男性客がいました。その客は30分ぐらいしてから目を覚まし、それからは「ごっつええ感じのDVD、観なあかんねん」といった、どうでもいい自分の話を女店主にずっと喋っていました。正直、「つまみ出せばいいのに」と思いながら見ていたのですが、そういう仕切りはできないようでした。

こういうタイプのお客さんは、特に来店客数が少なく、話を聞いてくれるお店が見つかると定着する傾向がありますが、こんなお客さんの相手を毎日しないといけない店主は大変です。僕が知っているお店では、このストレスをストレートに受けて店主が病気になり、

残念なお客さんは、来店客数の少ないお店に定着する傾向がある

結果お店を閉めてしまったというところがありました。

日々の生活で疲れ、悩み、傷ついた人たちにとって、お店は野戦病院のような存在です。中には仕事上のグチからプライベートの関係まで、悩み全般を店主に相談する人もいます。店主はお客さんに持ち込まれるマイナスを引き受け、プラスに転化していく強さが必要なのですが、それが重荷になってくることもあるわけです。


また女性の店主の場合、店主との擬似恋愛的な要素を求めてやって来る人もいます。ある喫茶店に行った時に、アイスミルクを頼んで一気に飲み干し、すぐにお金を払って出て行ったお客さんがいたのですが、店主は「あの人、今日7回目なんです」と。別の喫茶店では、僕がカウンター席に座ると、同じくカウンターに座っていた初老の男性が「若いつばめが来たことだし、そろそろおいとまするかな」と聞こえよがしに言って出て行ったことがあります。この、喫茶店を安手のスナックだと思ってやって来る人たちとの距離をどう取っていくか、女性店主にはそんな舵取りも求められるのです。

他のお客さんに不用意に話しかけ、相手を不快にさせる人がやって来ることもあります。さらにアルコールが入ると、お酒の勢いに乗って場の雰囲気を乱す人も出てきます。そのため店主には、時には厄介なお客さんを出入り禁止にするぐらいの仕切りも必要になります。トラブルを避けるために、信頼できる常連客に頼る、裏に男性のオーナーがいるような雰囲気を醸し出す、といった対処法を取っているところもあります。

お客さんから受けるこうしたストレスによって、店主が精神的に参ってしまい閉店にいたるケースは、実は少なくありません。注意が必要なのは、こういうことは、たった一人のお客さんのために起こり得るということです。お店を続けていくためには、こうしたストレスへの対処法を身につけておくということも必要なのです。

仲間との共同経営の難しさ

カフェを始める時には、仲の良い友達同士で一緒にやりたい、という方が結構おられます。ですが実際には、友達同士が共同経営ではじめたお店が、2～3年してワンオーナーのお店になる、というケースをよく目にします。

最初は「一緒にカフェをやりたい」という、同じスタートラインに立っていたメンバー。でも実際にお店を続けていくうちに、店主の間で温度差が生まれてくることがあります。僕が実際に見てきた例では、お客さんに提供するサービスの質をもっと上げたい、そのためにいろいろ仕掛けたい人が、和気あいあいとした雰囲気を大事にのんびりやっていきたい人の言動にイライラし、しょっちゅう喧嘩するようになり、やがて一方が辞めてしまった、ということがありました。また、一人だけが人気を集めるようになったことで、嫉妬心が生まれ、やがて別れてしまったというケースもありました。

バンドや劇団が〝方向性の違い〟で解散するのと同じように、複数のオーナーで始めたお店も空中分解の可能性をはらんでいます。一緒にお店を始めるほどに仲の良いメンバーが、最終的にわだかまりを残すような形で別れてしまうというのは、傍から見ていても居たたまれないものです。共同経営でお店を始める時には、ゆくゆくは別々の道を進むことを想定して、最初から誰かが抜ける時のルールを作っておくことを、ぜひお勧めします。

一緒に立ち上げてきた相方がお店を離れ、残ったオーナーが新たなスタッフとともにお店を立て直す。このとき、オーナーとスタッフとの関係は、これまでのような対等関係ではなくなり、オーナーにはスタッフに納得してもらえる対価を支払う、スタッフのモチベーションを高めていくといったマネジメント能力が求められるようになります。責任は自分一人で背負うしかなく、オープンの時の熱い思いや苦労を共有できる人は、もういない。オーナーは、だんだん孤独な存在になっていきます。このタイミングでお店を続けていくモチベーションを失ってしまうということも、実際あるようです。

物件・地域をめぐる想定外

不動産物件をめぐる〝想定外〟によって、お店を閉めざるを得ないこともあります。主には契約をめぐるトラブルや、物件オーナーが替わることによるトラブルです。

不動産オーナーの立場からすると、火災、油汚れ、臭い、ネズミ・害虫、浄化槽のつまりなどが発生するおそれのある飲食店舗は、物販店やオフィスに比べて管理が大変です。また飲食店が一軒でも入ると、ビル全体の火災保険の額がはね上がります。そのため飲食は敬遠されることも多く、物件の持ち主が替わった時など、オーナーは何らかの条件を提示して退去させようとすることがあります。

また、お店を始めて10年、15年と経ってくると、設備更新の時期が訪れます。儲けが出ないまま続けてきたお店では、空調や給排水設備などが故障し、多額の投資が必要になった時点でお店の継続をあきらめる、ということもあるようです。

また、近隣の苦情によって、お店を閉める、または移転せざるを得なくなる、ということも起こります。

　コモンカフェがある中崎町には、戦災を免れた長屋が建ち並んでいます。この町には、10年ほど前から古民家を改装したレトロな雰囲気のカフェや雑貨店・洋服店などが増えてきています。家賃が安く、自分たちで内装までを手掛けることで初期費用が抑えられることも、お店を始める若い人にとっての魅力になっています。

　ただし住宅密集地ゆえに、騒音の苦情を受けることもよくあります。特に長屋は壁が薄く、梁を通して音が伝わりやすいため、小さな音でも近隣の住民の迷惑になります。そのためほとんどのお店は

コモンカフェのある大阪・中崎町の町並み

昼間のみの営業で、夜間営業やライブイベントなどは自粛しています。

築100年になる倉庫を改修したあるカフェでは、隣人が毎日のように怒鳴り込んでいました。店の窓ガラスを割って警察が来る騒ぎになったこともあり、一時は調停沙汰になっていました。結局このお店は大家側の都合で退去せざるを得なくなり、中崎町の別の場所に移転しています。


また僕自身、こんな経験をしたことがあります。

コモンカフェのそばで営業していた雑貨カフェが閉店するというので、そこを引き継ぐ形で、外国人と日本人との文化交流を目的にしたカフェを始めました。が、オープンしてから3ヶ月ほどして、近所に良からぬ噂が流れました。それは「あのお店には日々外国人が出入りしていて、売春の斡旋をしている」というものです。

もちろん事実無根ですが、こんな噂が広まったことで、物件オーナーからは「噂が本当かどうかは知らないが、そんなことでうちに何本も電話がかかってくることに耐えられない」と退去を要求され、結局その月のうちにお店を閉めることになってしまいました。

このように、物件の事情や近隣トラブルにより閉店を余儀なくされる、というパターンは、結構あります。物件オーナーや近隣の方々とは、開店前までに十分に話し合っておくことをお勧めします。

2 「跳ぶ」前の準備から始めよう

これまでお伝えしてきたように、店主が想定していなかった事態によって閉店に至るケースはよくあります。知ってさえいれば対処できることも多いので、ここでお伝えしたようなポイントは、ぜひ想定の中に入れておいてください。

またそれとは別に、そもそも長く続けようと思わずに「とりあえず3年から5年」と考えてお店を始めている人も結構おられます。実をいうと、僕もそうでした。

初めてお店を出そうという時には、「今跳ばなければ、自分はこのまま一生跳べないで終わるかもしれない」というジリジリとした焦燥感や強迫観念に突き動かされることがあります。とにかく開業することが目的になり、曖昧なビジョンのまま、走り出してしまうのです。

開業のハードルを超えるためには、「四の五の考えずまずチャレンジ！」ぐらいのテンションが必要です。

しかしながら、いったんお店を始めてしまうと、日々の営業に追われ、インプットの時間がなかなか取れなくなります。メニューやコンセプトなど、肝心のお店の中身を十分に詰めていない段階で見切り発車をしてしまい、特徴のないお店だと思われてしまうと、お客さんに来てもらえず、ほどなく閉店の憂き目を見ることになる。新しくオープンするお店の何割かは、こういう残念な道をたどります。魅力的コンテンツを作る作業は、お店を実際に持つ前にしっかりと、徹底的にやっておくべきです。


また、「カフェをやりたい」という人の中には、自分は何者なのか、自分には何ができるかを確かめたいというあたりに、本当の動機がある人がおられます。そうした人たちにとっては、開業はゴールではなく、開業した後も新たな目標を探し続けています。

お店をオープンしたあとは、店主の仕事は毎日同じことの繰り返しになります。店主はその生活の中で、新メニューを開発する、焙煎技術を極める、お客さんとの会話を楽しむ、時々お店を改装するといった形で、自分の新たな目標を見出していくのですが、中にはお店以外に新たな目標を見いだし、カフェから卒業していく、という人も出てきます。

お店の成功・失敗は、はた目には「長く続いたかどうか」で判断されてしまうため、こうした人たちは「3年でお店を閉めてしまった人」というマイナスの評価をされてしまいがちですが、店主がカフェで過ごした日々は、次への跳躍を準備するために必要なステップだったかも知れません。むしろ、人生の中で、何年間か時期を決めてお店に関わる、という選択肢があること、そういうライフスタイルがより一般的になることも、今後必要なことかも知れません。

このことについては、本書の最後でも改めて触れてみたいと思います。

Column

無理なく開業するための方法

今の時代には、カフェ経営は厳しいという認識から、無理のない形でお店を出そうとする人が増えてきています。

持ち物件での営業

お店の経営において、家賃は重要なファクターです。喫茶店は基本的には場所商売で、一等地にお店を出せばお客さんは入りますが、何十万もの高家賃を払ってお店を経営することは、個人店では困難です。逆に家賃がかからない物件であれば、ランニングコストが低く抑えられることで、経営はずいぶんと楽になります。

昔から続いている喫茶店で話を聞くと、自宅の一部を改造してお店にしていたり、開業時に物件を購入していたりと、店舗物件を所有している方がほとんどです。つまり、賃貸物件でのお店は淘汰されているのです。今でも続けているお店では、「月々の家賃を払っていたら今までは続かなかった」「賃貸でやっていた周りのお店はすべてなくなって、うちだけが残っている」という話をよく聞きます。

また、アパートやマンションの一階で、大家さんが管理業務を兼ねて喫茶店をやっているところがあります。僕はこれを「管理人カフェ」と呼んでいます。賃料収入があるため、儲けがなくても続けていくことができるという、理想的なビジネスモデルです。

数年前から「おうちカフェ」「自宅カフェ」というスタイルで、自宅の一部を使ってカフェを開業する人も増えてきました。一日何組と客数を限定したり、週一回、月一回の頻度でカフェを開いていたり、料理教室やイベント、ワークショップを中心に営業したりと、いろんなバリエーションがあります。

初期費用をかけないお店

カフェを構えるには数百万円からの開業資金が必要ですが、これを何らかの方法で減らすことができれば、経営はずいぶん楽になります。

最近ではセルフビルドといって、内装工事を自ら手がける人が結構おられます。電気・ガス・空調工事など、プロの手を必要とする工事以外は自分でやることで、かかる費用を材料費と工事期間の家賃だけにおさえているのです。僕の知り合いには、家具や什器をもらい物や拾い物でまかなっていたり、端材で作っていたり、若手の建築家や空間デザイナーに無償でお店づくりを依頼したりして、100万円程度でお店を作った、というツワモノたちもいます。

居抜き店舗、すなわち、もともと商売をしていて、厨房・給排水設備、什器備品などがそのまま残されている店舗物件での開業も、開業費用を抑えるための方法です。

商売がうまくいかずに閉めたお店であるため、十分な見極めが必要ですが、差別化できる商品やサービス力を持っている人、すでに自分にお客さんがついている人にとってはメリットの大きい物件です。僕は2001年に「Bar SINGLES」というバーを維持・継続する活動として「Common Bar SINGLES」を始めましたが、この開業形態も居抜きの一種です。

また近年では、フリーマーケットや手作り市などに出店してコーヒーや焼き菓子を出す、という活動を数年続けてから実店舗で開業する人、自転車や中古のワゴン車を改造した移動店舗でカフェを始める人なども増えてきています。家賃や人件費、光熱費がかからず、いくばくかの出店料や駐車場代、材料費だけで営業できるのが強みですが、天候に左右される（暑い日、寒い日、雨の日、風の日は大変）、トラブルも多い（地元商店との軋轢、みかじめ料の要求、保健所や警察・同業者からの横やりなど）などの苦労も多く、お客さんにもゆっくりくつろいでもらえないため、数年間で資金を貯めて、実店舗に移行する人も多いようです。

カフェ空間のシェア

自分一人ではお店を持たずに、カフェをシェアするという方法論も、最近いろいろと模索されています。

一つには、誰かがやっているお店の空き時間を借りて営業する、というパターンです。具体的には、夜だけ営業しているバーを昼間に借りる、昼だけ営業している喫茶店の夜時間を借りる、また誰かのカフェの定休日を借りる、というものです。こういうお店は「二毛作営業店」と呼ばれますが、借りる側からすれば、お店に大きく投資せず、今の仕事を辞めることなく自分のお店を持つことができる、貸す側にとっても、使っていなかった時間に対する家賃が入り、いくらか経営が楽になるというメリットがあります。

また、その進化形として、コモンカフェのように、店主が日替わりで変わるお店も増えてきています。もともと誰かがやっていたお店を、曜日ごとに貸し出すレンタルカフェのような形を取るものから、カフェをやりたい複数のグループが集まって維持運営する、本当の意味でのシェアカフェも見られるようになってきています。

3

「お客さんが望むこと」は見えてる？

1　お客さんが入りやすいお店、入りにくいお店

ある新商品を開発する際には、「シーズ発想」と「ニーズ発想」ということがよく言われます。シーズ（＝種子）発想とは、「技術や素材やアイデアが先にあって、それをどうすれば商品にできるだろうか」と、自分視点から始める発想法です。カフェの話でいえば、専門学校で料理を学んできた、パティシエの修業を積んできた、コーヒー豆の焙煎・抽出について研究を重ねてきたという人が、その技術を頼りにお店を始めようと考えるのが、これに当たります。

対してニーズ発想とは、「お客さんはこんなニーズを持っているが、それを満たすことができる商品、サービスはないか？」と、お客さん視点から始める発想法です。カフェでいえば、地域にお年寄りが多いのでモーニングサービスをする、ＯＬを意識して体に優しいランチを提供する、というのがこれに当たります。

別の言い方をすると、シーズ発想は「自分が売りたいものを売る」、ニーズ発想は「お客さんが求めるものを売る」ということです。

カフェをやりたい人たちの中には、自分の中に完結したイメージがあって、それを前面に出してお店や商品を作ろうとしているタイプの人が、かなりの割合でおられます。つまりニーズではなくシーズからお店が始まっているのですが、こういう人には、注意しておくべきポイントがあります。それは、自分の強みがお客さんのニーズに合っているかどうかの検証が、甘くなりがちであるという点です。なぜか多くの人は、自分が客の立場であれば「買わない」ものを、作り手・売り手の立場に立ったときには「売れそう」と思ってしまうのです。

自動車教習所では、自分の都合のいいように状況を判断し、危険を予測しない運転を「だろう運転」と呼び、厳しく戒めていますが、カフェの経営でも同じです。自分好みのカフェを作ったら、それでお客さんはやって来るだろう、カフェを始める時に、多くの人がそう楽観的に考えてしまいがちです。この見込み違いをなくすためには、普段から自分の視点を「店主」から「客」に切り替える癖をつけて、「これはあり得ない」と思う部分を絶えず消していく必要があります。

店主がやりたいことと、お客さんがやってほしいことの間に起こるズレには、接客方法・営業時間・メニューのような、修正が比較的容易なものと、立地や内装のように、いったん決めてしまうとなかなか修正がきかないものとがあります。特に立地で間違えてしまうと、取り返しのつかないことになります。

カフェを開業しようと物件を見て回っていると、お洒落なビルやレトロな古民家などに出会い、その物件に一目惚れすることがあります。そして「ここでお店をやりたい！」というスイッチがいきなり入ってしまったりします。しかし、そのエリアのことを知らずに出店を決めてしまうのは危険です。

自分がやりたいと思っているお店は〝カット・アンド・ペースト〟的発想では成立しません。地域にあるニーズに目を向けず、自分のイメージだけで完結したお店を出してしまうと、お店は地域に根付きません。出店を考える時には、そのエリアに自分のイメージを受け入れてくれるお客さんがいるのかどうかを、よく見極める必要があります。

一方で、矛盾したことを言うようですが、今お店を始めるなら、「自分がやりたいこと」をしっかりと持つべきです。

今の時代、お客さんのニーズに応えるという点に関しては、資本があるお店やチェーン店に太刀打ちするのは困難です。そんな中でお店を続けていくためには、「儲け」ではなく「自分がやりたいこと」へのこだわりがまず必要です。そしてそのこだわりからの提案が、お客さんを強く惹きつける要素にもなっていくのです。

この章では、お店における「自分がやりたいこと」と、「お客さんがやってほしいこと」との機微について考えていきます。

小さなカフェには入りにくい

さて、ひとつ質問です。みなさんは、3坪か5坪ぐらいの、小じんまりしたカフェに入れますか？

こうしたお店に入るのに抵抗感を覚える人は、少なくないのではないでしょうか。

席数が10席以内、家賃が5万円ぐらい、保証金も数十万円程度で済むような物件は、無理なくカフェを経営していける、ハードルの低いお店のように思えます。が、こういうお店を経営的に成立させるのは、実はかなり大変です。

小さなお店では、店主とお客は何らかのコミュニケーションを取ることになりますが、店主が知り合いでなければ、入るのに勇気がいります。他にお客さんがいて店主と話をしていたら、入るのがためらわれます。また誰かと一緒の場合、話す内容が店主や他のお客さんに筒抜けになってしまうため、大事な話をすることはできません。さらにお店がすぐに一杯になるので、入りたい時に入れないということもしょっちゅう起こります。僕自身、小さなお店の場合には、店主が「友達」と呼べるほどの親しい関係にならない限り、足を踏み入れません。

こうした理由から、小さなカフェの経営は、基本的に常連客商売になります。お酒を出す業態の場合は、お客さんと密にコミュニケーションを取れば売上も上がるため、それでも経営が成立しますが、ノンアルコール営業では、みんながコーヒーを何杯も頼んでくれるわけではないので、お客さんを回転させるように意識していないと、商売として成立させることは困難です。

お客さんの心理は、坪単価と床面積の関数として単純に割り切ることはできないのです。

小さなカフェには入りにくい、という人は少なくない

近所のカフェも入りにくい

次の質問です。みなさんは、家のすぐ近くのカフェに入れますか？

やはり「入れない」「入ろうと思わない」という人は、多いのではないでしょうか？

家のすぐ近くにカフェがあると、いつでも立ち寄ることができて便利なように思えます。ですが、住宅地にあるカフェでは、地域の人以外が来ることが少ないため、顔見知りに遭遇する可能性が高くなります。もしもそこが、日々近所の噂話が飛び交うようなお店の場合には、自分も噂の種になることを覚悟しなければいけません。プライベートを守りたい人は、そういうお店を敬遠するのではないでしょうか。

またいったん店主と仲良くなると、お店の前を通りかかったときに店主と目が合ったり、お店の外でバッタリ会ったときに「最近は寄ってくれないんですね」というプレッシャーを感じるようになります。僕も家から駅に行くまでに、そこの前を必ず通らないといけない場所にカフェが1軒あるのですが、店主と目が合うたびに〝借り〟を作っているような気分になります。こういう気まずさを避けるために、〝関所〟にあるお店には、最初から立ち入らないという方も多いのではないでしょうか。

実は住宅街は長らく、喫茶店の適地とは見なされていませんでした。

１９３６（昭和11）年に出版された『五百圓でできる喫茶店開業案内』（染谷濱七著）には、以下のような記述があります。

喫茶店開業で一番難しいのは住宅街だと思います。（中略）附近の人がサラリーマンを主として考える時、彼等は疲れを癒す為に、既に家庭に帰っているのです。そこには可愛い坊ちゃんや、親切な情愛深い奥さんもいらっしゃるのですから、喫茶店本来の意義である街の休息所の役は立たない結果になります。

住宅街で開業なさるならば、普通の機構ではなく、メンバー組織のような、集合所めいたものか、非常に凝った趣味のもの等がいいでしょう。住宅街にはいまだ喫茶店のない所がいくらでもあります。近所に一軒もないから、その癖人間は住まっているのだから繁盛するだろうと早合点に開業しては、とんだ失敗に終わることがあるとも限りませんから、住宅街の開業は安全な方法ではありません。

住宅街に喫茶店が進出するようになったのは、70年代に起こった喫茶店開業ブーム以降のことです。新規開店が相次いだことで、都市圏では喫茶店が１００メートル圏内に20店、30店という超過密状況が起こり、立地できる場所が少なくなり、また繁華街の家賃が上昇したことにより、喫茶店は住宅街にどんどん進出していきました。

あだち充の人気漫画「タッチ」の中には、主人公・浅倉南の父親が経営する「COFFEE南風」という喫茶店が出てきます。あのお店もまた、高校への通学路に面した住宅街の中にありました。この「南風」的なお店は、当時のブームの産物だったわけです。

しかしながら、住宅街に入り込みすぎた場所に出店したお店の多くは、あまり長続きしていません。商圏人口、流動人口が少なすぎる場所にお店を出すと、お客さんは近所の常連客が中心になりますが、そのためにお店が

ご近所の"関所"のような場所にあるカフェには入りにくいもの

閉じた雰囲気になりすぎてしまう（噂話天国）という難しさが、そこにはあったようです。

住宅街の喫茶店で成立している所はたいてい、完全な居住エリアではなく、駅前商店街を抜けた住宅街への入り口あたりや、住宅街からの複数の道が結節する〝扇の要〟と呼ばれる場所に立地しています。

近年、カフェブームが起こったことで、喫茶営業の適地は飽和し、カフェは再び住宅街の中へと進出するようになってきています。現在はメディアの発達により、お店の情報は昔に比べて広がりやすく、近隣以外からのお客さんも期待できるようになってきているのですが、住宅街に入り込みすぎる場合には、やはり注意が必要です。

近所にあるカフェには、もちろんいい面もあります。自分が住んでいる家の近くで、同じようなテイストを好む人、同じ趣味を持っている人と出会える場所になっていれば、地域での生活をより楽しむことができます。また「あそこのお店はいい食材を使っている」「小学校でこんな問題が起こっている」「○○さん、最近どうしてる？」といった、地域に暮らす上で有益な情報を交換できるというメリットもあります。「近所のお店」になるということは、こうしたコミュニティの結節点になる覚悟を決める、ということでもあります。

外から見られることを嫌がるお客さんも

ヨーロッパのカフェといえば、街の広場に面した場所にあって、街路にテーブルと椅子を並べたオープンな空間、というイメージがあります。

ですが、日本で古くからある喫茶店は、たいてい外から見えにくい造りをしています、観葉植物をお店の前にいっぱい置いてあったり、入り口の扉や窓にすりガラスを使っていたり、カーテンをかけていたりと、あえて外界とは切り離された、閉鎖的な空間としてデザインされています。

このことには、いくつかの理由があります。

まず、お店の中にいるお客さんへの配慮です。外から見えすぎると、お店の中にいるお

外から店内が見えにくいつくりの喫茶店

客さんは落ち着きません。特に地域コミュニティの絆が強いエリアでは、「あの人はいつもあそこで遊んでいる」と噂になってしまいます。仕事中にサボっている営業マン、授業をサボっている学生、密会している男女のような、外から見えては具合が悪い、というニーズもあるでしょう。

また店主が前を通るお客さんと目線が合わないようにしている、という要素もあります。不要なプレッシャーを与えることなく、寄りたいときに寄ってもらうための配慮をしているのです。また、お店を入りにくくしておくことで、常連以外のお客さんに対するハードルを設けている、という意味合いもあります。常連さんの居心地を追求するなら、ややこしい一見のお客さんが入ってこない方がいい、というわけです。

さらに、お客さんが入っていなければ、流行っていないお店だと思われてしまいます。お店に入らないうちから外から見えていることで、新鮮味がなくなり、入ろうという気が起きなくなってしまう、いわゆる「目垢がつく」ことを避けているのです。

80年代にカフェバーやオープンカフェが流行り始めた頃から、日本でも外から中の様子がよく見える、明るく開放的なお店が増えてきました。扉や窓がガラス張りで、お洒落な内装やお店の雰囲気が外に伝わり、またお店の中からは道行く人の表情や街の出来事を眺めることができる。そうした誰もが気軽に入れる、風通しの良いお店に、多くの人が足を運ぶようになりました。

ですが、この「外から見えるカフェ」は、お店の雰囲気にふさわしい、都会的なセンスを身に付けた、感度の高い人たちが集まるエリアでないと、なかなか成立しません。特に住宅街や商店街など保守的なエリアでは、受け入れられないことも多いようで、わざわざオープンな雰囲気にしようとしていたお店が、その後カーテンや擦りガラスや観葉植物で目隠しをするようにした、という話もよくあります。このあたり、これからお店をデザインしようと考えている方はご注意ください。

カフェは男性客には入りづらい

ヨーロッパのカフェは、年齢や性別に関わりなく、誰もが入れる間口の広い喫茶・飲食空間です。フランスのブラッスリーやイタリアのバールには、日本でいえば居酒屋か立呑屋のような雰囲気があります。カウンターでエスプレッソやビール、ワインを飲んでいる人がいる一方で、テーブルで食事をしている人もいます。

しかし日本の場合は、ちょっと事情が違います。40代以上の男性の中には、喫茶店には入れるけれど、カフェに入るのはちょっと、という方がかなりおられます。若い男性でも、カフェに関心を持っていたり、進んでカフェに入ろうとする人はそんなに多くはありません。

そこには「日本においてカフェは女性文化として広まった」という背景があります。

70年代に流行した珈琲専門店は、基本的に男性文化に属するものでした。〝違いのわかる男たち〟が集ってコーヒーについてのウンチクをたれる場所、タバコ臭く、ヤニで壁が黄色くなっている場所、といったイメージも、そこには付加されてきました。そうした男性文化としての喫茶店のアンチテーゼとして、90年代になってから、カフェは広まっているのです。

> パイプおやじが雄弁に語るキリマンジャロの香り高いカフェ賛歌は聞き飽きた。水出しがどうとか、ペーパーのドリップだからこうとか、そんな蘊蓄も今はもういい。だから、ちょっとお茶しに、が気分な街とカフェ。（『Meets Regional』１９９９年10月特集「『ちょっと、お茶しに』の街と店」）

女性のための喫茶店が登場したのは、80年代のことです。そしてそれは〝紅茶〟と結びついています。

81年に登場した「Afternoon Tea（アフタヌーンティー）」は、英国風の紅茶文化を日本に根付かせるきっかけともなりました。イギリスの片田舎の風景に家具と小物雑貨、そして紅茶とマフィン・スコーンというトータルな演出が、〝ゆとりある午後〟というイメージで女性に受け入れられたことで、その後まちなかには紅茶専門店＝ティーハウスが増えていきました。

90年代に登場してきたカフェもまた、雑誌などのメディアを通じて、女性同士、または女性が独りで過ごす日常のための空間として定着しつつあります。そして男性にとっては、カフェはどんどん縁遠いものになってきています。

おしゃれなカフェには入りづらい男性も多い

歩き疲れたら、スローなカフェで小休止。ケーキをほおばりながら、甘いものが女の子をこんなにも幸せにするってこと、世の男性たちはもっと知るべきだよねー。なんて好き勝手におしゃべりするうち、疲れていた心がすうっと軽くなっていく。（『Hanako West』178号〔2005年6月〕より）

ところで、ここ数年、喫茶店が静かなブームになっています。「カフェ」ではなく「喫茶」という名前を掲げ、内装も白ではなく焦げ茶色を基調にした、一昔前の純喫茶や珈琲専門店のような雰囲気のお店が増えてきているのです。こうしたお店を女性が経営していることも多いのですが、概してカフェよりも男性客が多いことに気づきます。

つまり、男性の中には「喫茶店になら入れる」という人が一定の割合でいて、「喫茶○○」という名前なら安心して入って来られるわけです。ただし、一昔前のように、擬似恋愛的要素を求めてやって来るお客さんもおられるので、「ややこしいお客さん」のあしらいには、十分ご注意ください。

2　見落としがちなカフェの「立地」

ハードルの高いオフィス街

オフィスビルが立ち並び、多くのサラリーマン・ＯＬが働くオフィス街は基本的に、飲食業に適したエリアです。ただし時間帯や曜日による繁閑の差が著しいのが特徴です。

オフィス街にいる人の多くは、平日の朝から夕方までを、オフィスの中で過ごします。外に出られるのは基本的には昼12時から1時の休憩時間とアフターファイブ。そして土日はほとんど誰もいないゴーストタウンになります。

オフィス街でのランチ営業には、昼12時に休憩が始まり、1時にはオフィスに戻らないといけない人たちが集中します。アフタードリンクまで注文いただくためには、10分程度で料理を出す必要がありますが、そのためにはアルバイトを入れ、オペレーション体制を充実させる必要があります。ですがオフィス街では、午後1時を過ぎると客足はぱったりと止まります。そのためシフトを効率よく組んでおかないと、余計な人件費がかかってきます。

オフィス街も高家賃エリアなので、単価千円程度のランチ営業だけで十分な利益を上げることは難しく、ディナータイムに客単価を上げることで経営を成立させる必要があります。実際、オフィス街にあるお店のほとんどは「カフェ」ではなく「カフェ使いもできるダイナー」です。

また、週末になると人がいなくなるため、たいていのお店は土日を休みにしています。つまり週5日の営業で十分な利益を上げる必要があります。逆にブライダルパーティーなどの週末需要を見込んで大バコのカフェを作り、予約を集めているところもあります。

オフィス街は、基本的には玄人立地です。経営感覚の優れたオーナーがいて、キッチンに料理のスキルの高い人がいて、ビジネスとしての飲食店を営むという意識でなければ、

オフィス街のカフェ

こうしたエリアへの出店は避けたほうが無難です。

一昔前には、ランチの後に別の喫茶店に入り直す、息抜きにコーヒーを飲みに行くというサラリーマンが普通にいたことで、お店も繁盛したようですが、今ではそうしたゆとりは少なくなっています。オフィス街で働くサラリーマンやＯＬが忙しさや仕事のしがらみから解放され、ホッと一息つけるエアポケット的なお店。僕自身は、こういうお店のほうに惹かれるのですが。

「学生街の喫茶店」は過去のもの

学生街ほど、喫茶店・カフェの立地適性が下がってしまったエリアは、他にないのではないでしょうか。

先述の『五百圓でできる喫茶店開業案内』には、学生街の立地について以下のような記述があります。

大学の近くには必ず大小のアパート、下宿屋が群居し、その間通りには古本屋が軒を並べているというのが常です。こうした附近に表通りではなくその裏通り辺に開業すれば、学生は間違いなく飛び込んで来ます。（中略）学生がいいと云うのは、彼らは常に暇なのです。よし授業があってもサボることが出来る、送金を仰いでいるから、10銭、20銭といふ小金は常に持ち合せている人種です。

戦前の大学進学率は数パーセント。当時の学生は、インテリ層と呼ばれていました。そして当時の喫茶店は、インテリ層や絵描きなどの芸術家、文化人がサロンとして利用していました。「長くて半時間で帰っていくけれども、一日に2度、3度とやって来る」「お店を一つの慰安場所として、事務所や応接室、書斎の延長としてお店を使ってくれる」こうした文化的顧客によって、当時の喫茶店は支えられていたのです。

戦後から60年代頃までは、学生街の喫茶店は、若者たちの青春の一ページを彩る存在でした。作詞家・阿久悠氏の著書『愛すべき名歌たち　私的歌謡曲史』には、こんな記述があります。

ぼくの学生時代は、まさに喫茶店文化の花ざかりのころで、街のいたるところに喫茶店があった。特に大学の周辺などは喫茶店だらけといってもよく、純喫茶のほかに名曲喫茶もシャンソン喫茶もあった。ジャズ喫茶とか、うたごえ喫茶となると、今でいうところのライブで、ちょっと事情を異にする。当時、喫茶店のマッチを集めることが流行っていて、数多くの種類を手に入れるために同じ店に二度と入らないようにしていたのだが、ぼくが通う大学（明治大学）を中心にして歩いて行ける範囲でも、100軒は楽にあった。純喫茶でコーヒーは50円であった。名曲喫茶となると90円とか、100円になった。学生食堂でカレーライスが35円で食べられたのだから、50円というのはなかなかの金額であったのだが、ぼくは何かというと喫茶店へ入った。そして、しゃべった。文学のこと、恋愛のこと、人生のこと、そして、少しだけだが、政治のことである。昭和30年の初めであった。

♪君とよくこの店に　来たものさ

学生街の喫茶店

わけもなくお茶を飲み　話したよ…

ガロの「学生街の喫茶店」がヒットしたのは、1972（昭和47）年。歌詞の中に「この店の 片隅で聞いていた ボブディラン」とあるように、この歌が伝えているのは、過ぎ去りし60年代の時代の気分です。「学生街の喫茶店」は、70年代初めにはすでに、追憶として語られる存在になっていたのです。

ところで、一般的に学生街の商売は「半年商売」と言われています。休暇中は学生がいなくなるので、一年のうち半年で稼ぐ商売という意味です。そのため学生街の商売は、大学のクラブ部員をつかめるかどうかにかかっているとも言われていました。また70年代以降、学生街の喫茶店でも「定食屋化」が進んでいきましたが、そこでは値段が安く、ボリューム感あるメニューが要求されるため、どうしても原価率が高くなる傾向がありました。

現在、学生街はカフェや喫茶店にとって、もはや好立地とは言えなくなっています。

2009年には、4年制大学への進学率は50パーセントを超えました。大学に行くのは今やインテリ層ばかりではありません。学内にカフェテリアを備えているところも増え、近隣にはコンビニ、チェーンショップ、ファミレスが出店を完了しています。コーヒーに300円、4

00円を払うという感覚は、今の学生には一般的なものではありません。また携帯電話の普及により、喫茶店を待ち合わせに使う需要も減りました。

また大学の多くは、60年代の「工場等制限法」※以降、郊外に移転しています。移転後に新たに出来た学生街は大学しかない山の中や田舎で、大学のまわりには魅力ある遊び場所がないため、学生は授業が終わると一刻も早く街に出ようとします。学生街の喫茶店的風景は、残念ながら、今ではすっかり過去のものになっているのです。

※工場等制限法：都市部の人口集中を緩和させるために作られた法律。首都圏では1960（昭和35）年、近畿圏では1965（昭和40）年に施行されています。この法律により都心部に学部を新設・増設できなくなったことで、多くの大学はその後郊外に移転していきました。

郊外立地のカフェは車対応がポイント

地方都市のカフェの立地は、少し意味合いが変わってきます。

今や地方都市は、完全にクルマ社会となっています。自家用車の保有台数は2人に1台で、幹線道路沿いには大型ショッピングセンターをはじめ、ファストフード店、コンビニエンスストア、ディスカウント店などが立ち並んでいます。そして車でのアクセスが難しい駅前は敬遠され、中心商店街は寂れてしまっています。

そんな地方都市では、カフェの立地もまた郊外型となっています。幹線道路沿いの交差点付近、大型ショッピングセンターなどの集客施設の近くなどが立地適地となっていますが、車での来客を見込めれば商圏は広がる（約10倍）ので、特に娯楽の少ないエリアでは、見晴らしの良い山の中腹、自然豊かな森の中といった辺鄙な場所でも、お店が成立するようになってきています。

こうした場所に出店する場合には、駐車場が不可欠です。また郊外では店舗に転用できる建物が少ないため、建物を一から建てる必要があり、そのため初期投資額は大きくなります。つまり、地方都市でのカフェ出店は、大きく投資して、広い商圏から多くのお客さんを集め、大きく収益を上げるという方法論になります。ビジネス的感覚を持ち合わせた人向きといえますが、若い時期に都会に出ていて、地元に戻ってから実家の敷地の一部に建物を建ててお店を始めている、という人も多いようです。

ただし、この郊外型モデルは、近年の道路交通法改正に大きく影響を受けています。２００６年には短時間駐車の違反車両に対する取締まりが強化され、駐車場を備えていないお店の経営は厳しくなりました。２００７年には飲酒運転に対する罰則が強化され、運転者に酒類を提供した人も罰せられるようになりました。これらの改正により郊外地域の飲食店は大きな打撃を受け、中心市街地回帰の動きも一部起こってきているようです。

3 「やりたいこと」と「お客さんが望むこと」のバランス

進歩的な私と保守的なお客さん

コモンカフェのランチ営業を日々見ていると、はっきりと分かることがあります。それは、カレー、パスタといった、喫茶店の定番メニューを出せばお客さんが入る、ということです。

これは、中崎町のお客さんがカレー好き、パスタ好き、ということではありません。カレーやパスタは多くの人にとって「自分たちが食べるもの」の範疇に入っている、ということなのです。

一般的なお客さんは、知らないお店に入ったときに、分からないものを注文して失敗するよりも、自分がイメージできるものにしておこうという無難な選択をします。いくつかあるお店の中で、どこに入るかを決めるときもそうです。誰かと一緒にお店に入るときには、なおのことそうでしょう。「ここ面白そう!」よりも「ここなら失敗しなさそう」というお店を選んでいるのではないでしょうか？

実際、カレー・パスタ・オムライス・ハンバーグなどの定番カフェメニューを、調理法や技術、具材やソースや味付けなどでアレンジして美味しく仕上げると、当面の集客にはつながります。

カフェをやりたい人の多くは、それまでに自分が経験してきたものの中から、メニューのイメージを作り上げています。それは料理学校で学んできたものであったり、海外で偶然入ったお店で出会ったものであったり、自分で研究して作り出してきたオリジナルであったりします。そしてそこにその人独自の「こだわり」を、どう乗せていこうかと試行錯誤していきます。

ただ、そうしたこだわりは、一般のお客さんのイメージやニーズを先取りしすぎていることがあります。自分のこだわりが、創作系の手の込んだ料理や小洒落たメニューに向かった場合には、それを受け入れてくれるお客さんに出会うまでに時間がかかるのです。

同じような話ですが、「昼間からワインを飲んでもらえるカフェをやりたい」という方が結構おられます。が、こういうお店は「昼間からアルコール」がＯＫな人たちのいるエリアでないと、なかなか成立しません。またイタリアンバールで、本場イタリアよろしく「出勤前にエスプレッソをひっかけて」もらおうと朝7時、8時から開けていたものの、お客さんが定着せず、結局オープン時間を朝11時頃に変えた、という話も何度か耳にしました。

外の世界を覗いてきたからこその提案が受け入れられるまでには、お客さんが同じ価値観を持つようになるまでの時間と経験が必要です。このタイムラグこそが、明治時代の珈琲店に通じる「ロマンチストのジレンマ」なのです。

お客さんの望みに応えるだけでは続かない

これまで見てきたように、選んでもらえるお店になるためには、「自分のやりたいこと」がお客さんの「やってほしいこと」に正しく接続していることが必要です。

ですが、ここから、これまでの話の流れとはまったく逆の視点を提示したいと思います。それは「お客さんのやってほしいこと」に応えるだけでは、お店は続けていけない、という話です。

60年代頃までの純喫茶のメニューといえば、コーヒーなどの嗜好飲料と、トーストや簡単なお茶菓子ぐらいのものでした。それが時代が下り、競争が激しくなるにつれて、それだけでは経営を維持するのが難しくなっていきました。コーヒーにトースト・サラダ・ゆで卵をつけたモーニングサービスを始めたり、「純喫茶」という看板を「喫茶・軽食」に掛け替え、トースト、サンドイッチ、カレーライス、ピラフ、オムライス、スパゲッティなどを出すお店が増えていきました。そこにあったのは、コーヒーという〝あってもなくてもいい嗜好品〟をメインにするよりも、一日三度の食事のニーズに応えた方が、商売として手堅いという判断です。ちなみにこの傾向を、当時の喫茶店業界では「スナック化」と呼んでいました。

ただし、飲食需要を追いかけすぎると、お店のテイストは微妙なものになってきます。レトロな感じの珈琲専門店やヨーロピアンテイストのカフェなのに、お店の外に写真付きのメニューをいっぱい貼り出し、「さば定食」や「一口カツ定食」などを出しているお店や、厨房で奥さんがせっせと定食を作り、隅のほうで主人がコーヒーをドリップしているお店などをよく見かけますが、こうしたお店からは、通の集まる珈琲屋という夢と、それだけでは経営的に厳しく、お客さんに求められるままに定食屋化していった現実との葛藤が透けて見えてきます。

京都大学の近くで50年間続けてきた珈琲専門店の店主は、こう語っておられました。「『喫茶・軽食』とかいって、食事を出すようになったお店は、その後みんなダメになった。うちはトーストとコーヒーのみで50年やっている。お店はポリシーを持ってやらないと。」

店主満足の追求

ところで、今カフェをやりたいと考えている人たちは、果たして、カフェをビジネスと考えているのでしょうか？

以前の物件は角地、一階、路面と、飲食店としての最高の条件を備えており、地元のお客さまにも愛していただきました。しかし、すべての方のご要望にこたえようとするあまり、私たちの個性やコンセプトを保つことが難しくなってしまい、移転を考えるようになりました。（「ロカリテ」（北堀江）オーナーコメント：『カフェ開業読本』（柴田書店MOOK、2007年）より）

04年には吉祥寺に「サウ・カフェ」をオープンすることができました。ただ、サウ・カフェは経営的に黒字でしたが、約1年半で閉店しました。観光客が多い立地だったため、スタッフとお客さまとの関係が1回で終わってしまう。いくら頑張っても働く喜びが小さいという状況だったんですよ。（「エビ・カフェ」（吉祥寺）オーナーコメント：『cafe sweets』vol.83 より）

このように、最近では自分たちの個性やコンセプト、働く喜びを保ち続けるために、あえて立地上の王道を外す選択をする店主が、増えてきています。

先述の「エカワ珈琲店」店主の江川さんは、ブログの中で「店主満足度」という考えを展開しておられます。

…勝手気ままなのが、お客さんの特権です。その勝手気ままなお客さん全員を満足させることなど、個人経営の生業店では、絶対に不可能です。顧客満足の追求は、事業会社に任せておくに限ります。

…主が好きなこと、楽しいと思うこと、ようするに店主の満足度を高めることで、お客さんを集めるという方法が、個人経営の生業店に一番適していると考えます。(中略)適当に店主満足度を維持して、そのような趣味的な店・商売人を探しているお客さんだけを相手に、営業を続けて行くのが理想です。(中略)個人経営の生業店は、「生活の糧を得る」ということだけを考えて、営業規模の拡大などは考えずに、営業を持続することだけを考えて、日々を過ごして行くに限ります。

お客さんのニーズに応えるということは、お客さんの中にすでにイメージがあるものを提供するということです。それができれば〝便利なお店〟になることはできますが、それだけでは、〝わざわざ行きたいお店〟になることはできません。

フード・スウィーツの開発に、コーヒー豆の焙煎に、お店の空間づくりに、徹底的にこだわる。「これが売れるから」ではなく「これを作りたいから」作る。顧客満足ではなく店主満足を追求し、こだわりや美意識を前面に出して、そこに惹かれて、わざわざ来てくれるお客さんを増やしていく。いわば、自分発信のコール・アンド・レスポンスに可能性を見出す人たちが、最近は増えてきているのです。

一昔前にお店を営んでいた人たちの多くは、「食べていくために」お店を始めています。だからこそ、ビジネスと割り切り、気持ちの浮き沈みに振り回されることなくお店を続けていくことができた、とも言えます。ですが、こういう人たちは、儲からなくなると、お店を続けていく意義を見出せなくなります。

長らく商店街でお店を経営し、そこからビル経営に移行し、数年前に本業のお店をたたんだ方が、僕にこう言いました。

「僕らはインフレの子。儲かるから商売をやってきた。だから儲からなくなった時に商売をやめた。今お店を始める若い子らはデフレの子や。儲からなくなってから商売を始めている。僕らとは感覚が全然違う。」

「やってほしいこと」を知らずに出したお店は、お客さんに受け入れてもらえない可能性があります。

でも、「やってほしいこと」に応えるだけのお店では、続けていくモチベーションを保てないかも知れません。

これからの時代にお店を続けていくための鍵。それは、両者のバランスにあるのではないでしょうか。

Column

地域のニーズに合ったお店

カフェをやりたい場所として人気が高いのは、町屋や古民家、公園・水辺など自然環境の良いところです。確かにこうした物件や場所には、雰囲気の良い、多くの人の好みにマッチするお店が作れそうに思えます。

ただ、こうしたお店がアクセスの良くない場所にあった場合、それでもお客さんが来てくれるのか、という点には注意が必要です。

このことを考える上で分かりやすいのは、リバーサイドカフェ、つまり川のそばのお店です。川を眺めながらお茶が飲めるというのはなかなか魅力的ですが、もしこの川に橋が架かっていなければ、川向こうからのお客さんは期待できません。一般的に、喫茶店の商圏は半径500メートル程度と言われていますが、このお店はこの半径500メートルの円の半分を、あらかじめ失っているのです。

パークサイドのお店も、公園に集客力がなければ、人が住んでいない土地のそばにお店を出すのと同じです。町屋や古民家も、物件自体の魅力だけでなく、その近くにカフェに来てくれる層の人たちがどれだけ存在するかが、経営が成り立つかどうかの重要なポイントとなります。お店は〝カット・アンド・ペースト〟的発想では成立しない、というのは、つまりはこういうことです。

長く続いている喫茶店の中には、派手さはないものの、地域のニーズを正しく拾っているところがあります。特に町の産業を補完するかのように成立しているお店からは、その町のありようを知ることができます。

西宮の卸売市場と国道を隔てた反対側にある喫茶店。このお店は、市場の稼動している時間に合わせ、朝4時にオープンして、昼の12時には閉めてしまいます。お店にやって来るのは、卸売市場にやって来る仲買人と小売店の人たち、トラックの運転手などです。母親の代から、もう50年以上もこの場所で営業しています。

東大阪の町工場が集積するエリアの喫茶店では、昼12時になると、職工さん達が近所にある喫茶店や食堂に足を運びます。零細業者が大半の中小町工場街では、喫茶店は〝社員食堂〟の役割を果たしています。僕が行った真夏には、冷やし素麺と鰻丼や、冷麺とおにぎりといった、清涼感があり、かつボリュームが多いメニューになっていました。職工さん達は概して寡黙で、食事が終わればアイスコーヒーなどを注文し、漫画やスポーツ新聞を読んでいます。空調設備のない工場で働く人たちにとっては、休憩時間の食事は涼を取る時間でもあるのです。

このエリアの中には、社長が御用達にしている喫茶店もあります。社長はだいたい、従業員がお店を利用する昼休みの時間帯を外して訪れているようです。そこでは社長同士が情報交換をしていたり、来客との打ち合わせ場所として使っていたりします。

歓楽街である北新地には、夕方4時から午前3時まで開けている喫茶店があります。夕方5時頃に行くと、出勤前のホステスが次々にお店に入って来ます。同伴出勤で使われるお店ではないためか、お店の内装にはこだわりがほとんど感じられません。にもかかわらず、このお店はよく流行っています。スナックのママと若いホステスが打合せをしていたり、出勤前のホステスが食事をしていたり、せっせと化粧をしていたりします。近所のお店から定食やサンドイッチの出前がひっきりなしに入り、ホールの女の子が愛想良くてきぱきと動いています。夜の時間帯に行ってみると、お店のマネージャーとチーママが若いホステスの評価をしていたり、他のお店に引き抜かれるホステスをチーママが諌めていたりというシーンに出会います。この喫茶店は、スナックの会議室・応接室・控室としての役割を果たしているようです。

一方、都心部では近年、一つの街の中に、働く人、住む人、訪れる人が交錯する状況が生まれてきています。郊外に住んでいた中高年層や、通勤の利便性を求める独身層や若年夫婦層の居住が増えてくる一方で、街で働く人たちの中にも、オフィスワーカーばかりでなく、クリエイターのようにフリーランスで働く人が増えてきています。

またショップが増えてくると、そこで働く店員たちも街の住人になります。こうなると、お店を支えてくれるお客さんの顔も多様になってきます。こうしたお店において特徴的なのは、それぞれの層で、お店を訪れる時間帯とニーズが異なっているということです。

大阪・南船場のあるカフェは、昼12時から夜中の3時まで営業しています。

ここには、昼12時から1時の間にはＯＬ・サラリーマンがランチにやって来ます。1時を過ぎてから、フリーランスワーカーやショップの店員たちがランチや休憩にやってきます。アフターファイブには付近で働いている人、住んでいる人が食事やお酒を楽しみにやってきます。ワーカーが終電で帰った頃には、今度は近隣に住んでいる人たちや、夜中まで働いているクリエイターがお店を訪れています。

カフェの立地を考える場合には、物件や場所の魅力だけでなく、その周辺にはどんな人が住み、働き、訪れているか、それぞれの層がどんなニーズを持っているのかを把握し、そのニーズに応える商品やサービスを提供することができるかと考えてみることが、とても大事です。

4

「閉じつつ開く」お客さんとのコミュニケーション

国民的歌手の故・三波春夫が使っていた有名なフレーズ「お客さまは神様です」。この言葉の本当の意味を、ご存知ですか？

三波春夫にとって、お客様とは聴衆、オーディエンスのことです。客席にいらっしゃるお客様とステージに立つ演者、という場で生まれた言葉です。ですから、商店にいらした買い物のお客様や飲食店のお客様のことではありません。しばしば誤解される「金を払った客なんだから丁寧にしろ。言うこときけよ。お客様は神様だろ？」や「お客様は神様ですって言うからって、お客はなにしたって良いっていうんですか？」ということではないのです。（三波春夫オフィシャルサイト・株式会社三波クリエイツ八島美夕紀氏コメントより）

今の時代のビジネスには、お客さんが持っているニーズに素早く、的確に応え、顧客満足を高めることが求められています。

しかし、それが過度に進んだことで、多くのワガママをお店に突きつける〝モンスター客〟や、払うお金以上のものをお店から引き出そうとする〝合理的消費者〟が登場しました。そして彼らの態度を正当化するフレーズとして「お客さまは神様です」が便利使いされているのです。

一昔前の個人店の多くは、限られた地域のお客さんを対象として、いくらか閉じた商売をしていました。それが、外食の産業化とメディアの発達、それにともなう〝消費者〟の登場により、より多くのお客さんを呼び込む努力を続けていくことが正しい飲食ビジネスの方法論だと、一般には考えられるようになっています。

一見さんと常連さんをめぐるコミュニケーションの機微は、この何十年かの間にずいぶん変化してきています。この章では、今の時代のカフェにおけるコミュニケーションのあり方について、考えていきます。

1 常連さんを中心に閉じていくお店

「一見さんがもう10年来ていない」お店

長く続いている喫茶店の中には、一見《いちげん》のお客さんがほとんど来ていないお店が結構あります。

桃谷の住宅街にある、30年近く続いている喫茶店。ここには、一見のお客さんがもう10年ほ

ど来ていません。町内会、子供会、婦人会とのつながりが深く、地域の方々が日々訪れていま
す。また近所の自営業の方が商談のために一日に何回もお店を利用しています。南田辺にある古くからの喫茶店では、お店に入った途端に、店主が僕にお金を渡そうとしたことがあります。集金の人と間違われたのですが、このお店では、知らない人がお店に入ってくること自体が想定外なのでしょう。

こうした常連客商売のお店では、店主と常連のお客さんの間に、濃密な人間関係が存在しています。常連客のコーヒーの好みから、ゆで卵の硬さの加減までを店主が把握していたり、一緒に旅行に行ったり、スポーツのチームを一緒に組むなど、サークル的な仲間意識を共有しています。

また、クオリティの高い商品やサービスを提供しているお店の場合には、一度来たお客さんがリピーターになり、またその紹介でお客さんが増えていきます。そしていつかはお店のキャパシティを超えることになりますが、その時にお店を大きくしたり、増やしたりするのとは別に、看板を出さなくなるという選択があります。

個人が経営する小規模なお店には、このような「上がり」のモデルがあります。ある程度の顧客に支えられて経営が成立するようになれば、それ以上新規のお客さんを受け入れなくても、

現状を維持していければいいのです。この「上がり」を選んだお店では、今お店についてくれている常連のお客さんを中心に、お店が閉じていきます。

新しいお客さんに来てもらわなくてもいいお店

10年ほど前には、「お店をやるなら、雑貨店とカフェのどっちがいい？」という話がよく聞かれました。当時は、カフェと雑貨店とが「やりたいお店」の人気を二分していたのです。その両方の夢を一挙に実現するために、「ザッカフェ」として開業するという人も結構おられました。ですが、今にしてみると、雑貨店よりもカフェの方が足腰強く続いており、また新規開業も盛んです。それにははっきりとした理由があります。

雑貨店の強みは、卸売りや通信販売などでお店の外で商品が売れる、商品の販売に時間がかからないので売り上げが青天井になる、在庫が腐らない、というあたりにあります。一方でカフェの強みは、入店客は必ず売上につながる、在庫をすぐに現金化できる、余ったものは自家使用できる、といったあたりにありますが、最大の強みは「商品が消えものである」という点です。

これは、知り合いが雑貨店を始めた場合と、カフェを始めた場合を考えてみるとよく分かります。

雑貨店の場合には、お店に行ったときに、キャンドル、ノート、かご、グラス、キーホルダー、帽子などを買ってあげることになりますが、何度も足を運んでいると、どこかで買うものがなくなります。対してカフェの場合には、ドリンク、ランチ、スウィーツなどを頂くことになりますが、これらは食べると消えてしまうので、毎日でもお店に行ってお金を使い続けることができます。つまり、カフェの足腰の強さは、「消えもの」を扱っていることで常連客を得やすく、そのために特定少数を相手にした商売になり得る、という点にあるのです。

大阪には、馴染みの立ち呑み屋に毎日行くことを「出勤簿を押しに行く」というベタな言い方がありますが、こういう「出勤簿」なお客さんは、お店にとってありがたい存在です。毎日お店に寄り、アテを1、2品、お酒を1、2杯頼んで千円ほどをお店に落として帰っていくお客さんが、出勤簿よろしく月に20回お店に来てくれたとすると、月2万円の売上をお店にもたらしてくれます。

では、仮に家賃が5万円程度で、1人か2人でやっている立ち呑み屋の場合、「出勤簿を押すお客さん」が何人いれば、お店の経営が成立するでしょうか？……おそらく30人程度もいれば、ほかのお客さんを当てにしなくても大丈夫でしょう。

こういう図式は、喫茶店やスナック、そして今の時代のカフェにも当てはまります。喫茶店のコーヒーチケットやスナックのボトルキープが狙っているのも、こうした常連のお客さんの囲い込みです。そしてこの囲い込みが完成すると、そのお店は「誰にでも売らなくてもいいお店」になります。

この「常連客商売」という飲食店の強みは、お店を開くか、それとも閉じるかという選択肢を店主に与えるのです。

一見客をお断りする哲学

〝隠れ家〟と呼ばれるお店があります。マンションの一室や住宅街などで、ひっそりと営業しているようなお店です。場所をあえて広く知らせず、取材を受けることもないため、誰かの紹介や案内がなければたどり着くことができません。そしてそこに出入りできることが、ステイタスになっています。また歓楽街の雑居ビルに入っているスナックやラウンジは、看板を掲げて営業しているものの、がっちりとした扉で外界と隔てられ、中の様子を窺うことができません。そして扉の横には「会員制」というプレート。こうしたお店には、馴染みでなければ、入ってみようとはなかなか思わないでしょう。

常連客商売のお店の多くは、お店のことをよく分かって、愛情を持って支えてくれるお客さんを相手にしています。それ以上に間口を広げると、「お金を払うんだから、もっとサービスしてよ」なお客さんが混じる可能性があります。特にお酒を出す業態のお店は、この点にかなり気を使っています。常連のお客さんが心地よく居られるために、またお店の雰囲気を保つために、厄介な一見客をガードする必要があるのです。

西成区のある商店街の路地奥に、のれんを出さず、看板にも灯りをつけない焼肉屋があります。

カウンターだけで7席ほどのこのお店では、

看板のないカフェ

一頭の牛から少ししか取れない上質の肉を厳選して出しています。一見客にはたどり着けないお店ですが、いつも常連客が一杯で、半年先まで予約が入っています。この店のご主人は口が悪く、肉の焼き方、食べ方が間違っていると怒られます。はじめて来たお客さんが偉そうな態度を取っていると「二度と来るな」と。常連客たちは、自分でビールを開けたり、ご飯をよそったり、カウンターを片付けて帰ったりします。

「お客さんは、食べさせてもらっている。お店の人は、出させてもらっている」そういう意識を持つべきだというのが、ご主人の弁です。お客さんとお店とは対等であり、お客さんを神様扱いしない。この関係性を築き上げることは、お店を永く続けていくための、一つの現実的な知恵なのです。

京都・祇園にあるお茶屋には〝一見さんお断り〟というシステムがあります。しかるべき人の紹介がないと、お店に入ることができないというものです。また洛中では、はじめて行ったお店で「えらいすんまへんなあ、予約が入ってますのや」とか「またよろしゅうおたのみ申します」といったやんわりとした言い方で、入店をお断りされることがあります。

こうしたお店が大事にしているのは、何十年とお店をひいきにしてくれているお客さんです。

お店を顧みてくれるお客さんこそが〝顧客〟というスタンスを、保ち続けているのです。

京都の老舗は、目先の利益に走らず、家業の商売を細く長く続けていくことに最大の重点を置いています。このことを「商売は牛のよだれ」と言います。商売には儲かる時も儲からない時もあるけれど、牛の涎が細く長く垂れるように、途切れさせることなくひたすら守り継ぐことが大事、という教訓です。

今のお客さんを大事にして、商売を広げ過ぎず、身の丈にあった商売をする、こだわりを追及し、質の高いものを提供し続ける、そして築き上げたのれんを大事にする、という京都メソッドは、何十年、何百年とお店を続けていくための方法論でもあったのです。

常連客商売の落とし穴

その反面、常連客商売には大いなる落とし穴があります。

初めてのお店に入った時に、中にいたお客さんに一斉にジロっと見られた、店主と常連客が盛り上がっていて居心地が悪かった。そんな経験をしたことはないですか？

常連客が集まるお店ではたいてい、お客さん同士が仲良く話をしていて、和気あいあいとした空気が流れています。しかし一見客としてお店に入る時には、往々にして居心地の悪さや疎外観を感じます。

これは僕が南森町にあるバーに入ったときの話です。僕はカウンター席に座りましたが、マスターは先に来て飲んでいた常連客とずっと喋っていて、僕は放ったらかし。15分程してはじめて「どのあたりにお勤めですか？」と尋ねてきました。「扇町です」と答えると、店主は「ああ、そうですか」と。そしてまた常連客と喋り始めました。またしばらくして、今度は「どちらにお住まいですか？」と。「芦屋です」と答えると、今度は隣にいた常連客が一言「ボンやな」と。僕はすぐにビールを飲み干し、さっさとお店を後にしました。

この話で大事なポイントは「こんな店、二度と来るか！」と僕に思わせたのは、店主で

常連客が集まるお店は一見客には入りにくい

はなく常連客だった、ということです。常連客商売のお店ではこのように、常連客が新規のお客さんを排除するようになるのです。

しかしそのことを悪いと思っていない店主は、けっこう多いものです。なぜなら彼らにとって大事なのは、たまたまやって来たフリ客ではなく、日々お店にお金を落としてくれる常連客だからです。

常連客しか来ないお店は、往々にしてだらしないお店になります。店内に生活用品が増え、店主の生活の気配が透けて見える、掃除が行き届いていない。店主が一日テレビを見て過ごしている、コーヒーを注文すると時間を置きすぎたものを温め直して出してくる。こういうお店では、店主と常連客とは、ある種の共犯関係にあると言えます。

気のおけない仲間がお店に集まり、「○○ちゃん、今日は来ないねえ」という関係性が成立してくると、若い人、新しい人を受け入れることが億劫になってきます。お店だけでなく、店主自身が閉じていってしまうのです。

ですが、常連客は、いつまでもお店に来てくれるとは限りません。他に行きつけのお店ができたり、仕事場や家が遠くなったり、生活パターンが変わったり、鬼籍に入られたりすると、お店に来なくなります。そのため常に新しいお客さん、若いお客さんを迎え入れることができていないと、どこかで立ち行かなくなってしまいます。

お店が内輪に閉じていき、吹き溜まりを形成するようになる。店主が努力をしなくなり、技術が進歩しなくなる。

それは、常連客商売のお店がかかる、一種の病です。

2　メディアの変化で増える「街の文脈から自由なお店」

雑誌でお店を「消費」する人たち

一昔前の喫茶店の宣伝ツールといえば「看板」と「マッチ」でした。

今のような情報誌やフリーペーパー、インターネットなどがなかった時代には、目立つ看板を出すことと、一度お店に足を踏み入れたお客さんにマッチを配って再来店を促すことが、すなわち宣伝だったのです。

また、70年代に発行された喫茶店開業本には、販売促進策として、店内でのＰＯＰ以外の話がほとんど出てきません。これも一度お店に来たお客さんに再来店を訴求するためのツールです。当時は、お店の外で告知・宣伝をするという意識が、今よりも希薄だったようです。

一般雑誌や情報誌で喫茶店・カフェの情報が頻繁に取り上げられるようになったのは、80年代に入ってからのことです。

きっかけとなったのは「カフェバー・ブーム」。『ポパイ』『アンアン』『ホットドッグプレス』『ブルータス』などが「カフェバー」を取り上げ、その結果、新しいもの好きの若者たちが、大挙してカフェバーに押しかけました。当時のカフェバーの中には、ガラス張りのお店だけではなく、街はずれやビルの地下や階上、裏通りなどにあり、看板が出ていない、外からは店内の様子が分からないお店もかなりありました。こうした通りがかりでは入りにくいお店が、雑誌のパブリシティに支えられて、開店後すぐに人気店となったのです。

京阪神エルマガジン社が街情報誌『シティマニュアル』を創刊したのは84年。「まちあそび」をテーマに、街にあるお店を積極的に紹介しています。この時期に、飲食店めぐりが「食通・グルメ」という一部の世界のものから、一般の人たちの「遊び」になりました。地元以外のお店に足を運ぶ、デートで行くためのお店を雑誌から探す、という行動パターンが一般化したのもこの頃です。雑誌で紹介されることで開店後のお店の立ち上がりが早くなり、また地元密着でなくてもお客さんを集めることができるようになりました。

一方で、この時代から、お店を情報として消費する人たちが増えてきました。彼らの間では、どれだけ店を知っているか、どんな新しい店を知っているかがステイタスになっていました。ある種の情報誌にお店が取り上げられると、1週間、2週間だけ新規のお客さんが殺到して、その後ピタっと客足が止まる、という現象が起こります。コモンカフェでも、掲載誌を持ってやって来たお客さんが、雑誌を広げて「次にどこのお店に行くか」を話し合っている風景を目にしたことがあります。

この「あそこもう行った?」な人たちは、お店に忠誠を誓ってくれるお客さんではありません。

メディアでお店が紹介され、キャパシティを超えるお客さんが来たときには、どうしても対応に不備が出てしまいます。そのことで厳しいクレームを受けることもあります。もちろんそうしたお客さんは、その後お店に来てくれはしないでしょう。

また、すでに常連になっているお客さんとしては、お店が満席で入れない日が続いたり、客層や雰囲気が変わってしまうことは、お店に足が向かなくなる原因ともなります。そして一時的な混雑が去った後には誰もやって来ない、ということも起こり得ます。

メディアでの紹介は、一種のカンフル剤です。一時的にお客さんが増えても、それはずっと続くものではありません。またそのことで、お店にとって大事な顧客を失ってしまっては取り返しがつきません。そのため、すでに常連客に支えられているお店では、取材をお断りすることがあるのです。

ところで情報誌は、その後いくつかの変遷をとげていきます。

関西では90年前後から『SAVVY』『Meets Regional』『Hanako West』などの地域情報誌が、私鉄・JR沿線も含めた沿線に特化した地元情報を紹介するようになりました。このことによって、ローカルエリアのお店が知られるようになり、エリア外からわざわざ訪れることができるようになりました。このことで、都心の高家賃エリアを避けて郊外の駅近くや住宅街でカフェを始める人も増えてきました。

またインターネットが様々な情報を伝えるメディアとして成長してきた2000年前後には、「情報誌の雑誌化」が起こりました。情報誌はそのポジショニングを「知らない情報の紹介」から「厳選されたクオリティの高い情報の提供」へと大きく変化させましたが、このことにより、差別化されたメニューやお店の雰囲気、店主のこだわりが、情報誌を通じて広く伝わるようになりました。その結果、カフェのブランド化が起こりました。

ネットの口コミによるカフェのブランド化
インターネットもまた、カフェの動向に大きな影響を与えています。
インターネットが一般に普及した時期と、カフェが街に増えてきた時期は、ほぼ一致しています。店主が自らＷＥＢサイトを作って情報発信できるようになったことで、自分たちのこだわりを伝え、ウリとなるメニューを紹介することができるようになりました。近年ではブログやＳＮＳ、ツイッターの普及により情報発信が一層容易になり、またお客さんが「とてもいい雰囲気だった」「コーヒーやケーキが美味しかった」と、個人レベルで情報を発信してくれるようにもなっています。
お店のこだわりや強みを伝えやすくなった

メディアの変化によって、カフェの立地はより自由に

こと、また実際にお店を訪れた人たちのクチコミ情報が増えたことで、あらかじめお店のことをよく知り、その雰囲気に憧れ、店主の価値観やこだわりに共鳴した一見さんがお店に足を運び、リピーターになる確率は、以前よりもかなり高くなってきています。

価値観を共有する店主とお客さんが、距離を超えて出会いやすくなったことで、近年では交通の便の良くない片田舎、山の中腹、半島の突端、島の中といった辺鄙な場所で開業するカフェが出てきています。自然環境に恵まれた田舎に住み、自分のペースで働くというライフスタイルを選択した店主が、広い敷地に建物を建て、敷地内にある畑で野菜を栽培したり、石窯でパンやピザを焼いたり、コーヒー豆を自家焙煎したりしながらカフェを営み、そこに多くのお客さんが遠くから足を運ぶという状況が生まれています。

大分県の観光名所・耶馬溪の山奥、高速インターチェンジから車で40〜50分のところに自家焙煎のコーヒー店を出した店主は、こう語っています。

お金をかけてお客さまのいるところに出るか、お金をかけずにお客さまに来てもらうか。僕たちは後者を選んだわけです。（豆岳珈琲〔大分県中津市耶馬溪町〕店主コメント。『カフェ開業読本』〔柴田書店、2007年〕より）

こうしたお店の特徴は、わざわざ時間をかけて訪れる価値のある、際立った商品力や個性を持っている、来ていただいたお客さんに、お店でゆったりとした時間を過ごしてもらうための工夫を凝らしている、というところにあります。一部では、こうしたお店に行列ができるほどに人が集まる、という現象も起きています。観光のついでにお店に寄るのではなく、お店が観光の目的地になっているのです。

こうした脱立地論的なカフェが成立するようになったのは、つい最近のことです。

奈良駅からバスで10分ほどの場所にある「くるみの木」。オーナーがセレクトした生活雑貨を扱う2棟の雑貨店とケーキ工房を併設したカフェです。JR関西本線の踏切のそば、幹線道路からは少し入った、決してアクセスの良い場所ではありませんが、いつ行っても行列ができる人気店になっています。

オープンは1984年。オーナーの石村由起子さんから、こんなお話をうかがったことがあります。

私がお店を始めた頃には、「カフェ」という呼び方自体が一般的ではなく、インテリアを楽しみながらお茶を飲むお店も、そうしたお店を紹介する雑誌もほとんどありませんでした。そして私が伝えたいと思っていることを理解してくれる人は、ごく少数でした。「スポーツ新聞も置いてないのか」「カフェオレなんて飲めない」。そう言われるたびに、ここでは私のお店は求められていないんじゃないかと思い、当時の私は涙したものです。

「他人のニーズに応えるお店」のことを「街の文脈に沿ったお店」を呼ぶとするなら、「自分がやりたいお店」は「街の文脈から自由なお店」といえるでしょう。後者に目標を置く人が多くなってきているのが、今の大きな特徴といえます。

3　一見客と常連客のバランス

新しいお客さんが店を育てる

「自分がやりたいカフェ」の店主の多くは、価値観を共有できる、分かってくれるお客さんに対して球を投げています。そして共感してくれるお客さんだけに来てほしい。お店に対して愛情が薄く、要求が高いお客さんを受け入れることはしたくない、という志向を持つようになってきています。メディアの変化、クチコミ力の強化などで、それが成立する背景もできつつあります。

ただし、分かってくれるお客さんだけを集めてお店が閉じてしまうと、店主は成長する機会を失ってしまいます。

『カフェの話。』という本の中には、鎌倉のカフェ「ヴィヴモン・ディモンシュ」のマスター・堀内隆志氏のコメントが紹介されています。「ディモンシュ」はもともと、オシャレで音楽に詳しく、フランス好きな堀内さんが営む感度の高いお店、という趣が強かったようですが、観光客や親子連れなど客層が徐々に広がってきた時に、彼自身の中でも意識が変わってきたそうです。


「なんかね、それこそいろんな人が来るわけですよ。デートしているカップルあり、オムライスを食べに来る家族あり、仕事の打ち合わせあり、観光に来たおじいちゃん、おばあちゃんあり……。そんな人たちと話すのが、すごく楽しいってことがわかったんです。だってそんなの普段は話す機会のない人たちだったりするわけですよね。自分とは年齢も感性も何もかも違う人たちと話すことも、実はこんなに楽しいんだな、と思ったんです。それまではどちらかというと、自分とどこか近い人とばかり接してきたわけですけど。そう思いはじめたらなんだか肩の力が抜けたんでしょうね。急にお客さんがたくさん来てくれるようになったんです。」　はじめは自分というものを表現したい、何かを提案し、この店から何かを発信したい、という思いも強かったという堀内さん。しかし、心地よい空間をつくることは来てくれる人を受け入れることから始まるんだ、と気づいた今では、「僕にとっての財産は、僕の店に来てくれる人たちだと思う」と言う。「発信」なんてどうでもよいと思うようになったそうです。（『カフェの話。』〔アスペクト、２０００年〕：cafe vivement dimanche 堀内隆志氏インタビューより）

価値観を共有できるお客さんを大事にしつつ、新しいお客さんを受け入れるための窓も開けている、そんな風通しの良さを保ち続けることで、店主自身が成長し、お店も魅力を増していく。一見客は、お店を鍛えてくれる貴重な存在なのです。

お店が閉じてしまわないために

では、常連のお客さんにご愛顧いただきつつ、スモール・サークルに閉じてしまうことなく、新しいお客さんも受け入れることができる、そんなお店を作るために必要なことは何でしょう？

まず考えるべきことは、常連客が、そこがあたかも自分のお店であるかのように発揮しはじめる独特の存在感に、いかに対処するかという点です。

アメリカの社会学者、レイ・オールデンバーグは、「常連客」についてこんな書き方をしています。

> サードプレイスを支配しているのは、常連客である。それは人数的な意味においてではない。常連客がほかに何人いようと、どんな場合であろうと、常連客はそこでくつろぎ、陽気な雰囲気をつくり出す。常連客のムードやマナーが店内での交流に強い影響力を持っているので、はじめてお店を訪れる時には、店主に歓迎されることはもちろん大事だが、本当に重要なのは、常連客に受け入れられることである。バーカウンターの反対側から「いらっしゃい!」と声がかかった時に、一見客はサードプレイスの輪の中に入ることができるのである。(レイ・オールデンバーグ〝*The Great Good Place*〟訳:山納洋)

本当にお店のことを考えている、機微の分かった常連客は、一見さんがやって来たら自然に席を外したり、逆にうまくお店のコミュニティに導いたりするものですが、一見さんに対して排他的・閉鎖的な態度を示す常連客の場合には、一見さんが気兼ねなくお店に入れるように、店主の側で何らかの工夫が必要になります。

オーソドックスなのは、空間上の〝ナイス・セパレーション〟です。

大阪市中央区本町のオフィス街にある「平岡珈琲店」。もう90年もこの地で営業している老舗です。このお店ではカウンターとテーブルの間に適度な距離があり、常連さんはカウンター席に座って、店主の小川清さんとの世間話に花を咲かせていますが、テーブル席に座っているサラリーマン・OLさんもリラックスした時間を過ごしています。メニューはコーヒー・カフェオレ・ミックスジュース・ドーナツの4種類のみで、コーヒーを飲みに来たサラリーマンが、オフィスへのお土産にドーナツを10個、15個と買って行かれます。

また、常連客の声が大きければ、静かな音楽を大きめの音で流して、喋り声が他のお客さんの気にならないようにする、店内に本や雑誌を充実させ、一人で来店しても居心地が悪くならないようにする、といった工夫をしている店主もおられます。

時間帯によって、一般のお客さんと常連客が分かれているというパターンも一般的です。古くからの喫茶店では、年配の常連客は朝のモーニングの時間に集まり、お昼の時間から一般のお客さんがやって来るというサイクルが確立しています。逆に「喫茶・スナック」という業態のお店では、昼間は通常の喫茶店として営業していますが、夜になると常連客中心のサロン的酒場に変わります。

また、「一見のお客さんが入る余地を残しておく」という工夫も見られます。

京都・三条にある「六曜社」地下店。雑誌などに取り上げられる機会も多く、休日にはひっきりなしにお客さんが入ってきます。お店はほとんど一杯で、店主はやって来たお客さんに「すみません、お時間かかりますけど」と伝えています。

この接客のミソは「すみません、満席です」と断っていないところです。現にカウンターにはいくらかの席が残されており、待つことを厭わなければ、そこに案内して下さいます。お店に対して強い思いを持って来た一見さんは受け入れる、そういう方法を取っているのです。

さらに高等テクとして、「一見のお客さんが、常連の輪の中に入れるようにする」という方法論もあります。

常連客と一見客がともに居心地良く過ごせるように配慮しているお店では、店主は常連客との会話を楽しみつつも、一見客にもさりげなく話題を振っています。そして新しいお客さんに話しかける語り口を、いくつも用意しています。ただし、コミュニケーションを望んでいないお客さんには必要以上に話しかけず、かといって放ったらかしにもしない。このあたりの機微を十分に心得た上で、お客さんをもてなしておられます。

これは堺・上野芝にあった、僕が昔行きつけていた洋服屋バーの話です。

僕は上野芝に引っ越して3日目に、このお店に足を踏み入れました。中には何人かの常連のお客さんがいました。まったくの一見だった僕に対して、お店のマスターは「自分、この漢字読めるか？」と、おもむろに漢字の問題を出してきました。

その問題に答えると、常連さんが「なんでそんな字、知ってんの？」と。そこから自然に会話が始まりました。

マスターはそのうちに洋服屋の方に行ってしまい、僕は会ったばかりの常連のお客さんたちとそのまましゃべっていました。これがその後3年間、週3回は通うことになったお店との出会いでした。

またこれは、神山町のあるバーでの話です。

僕は一見客としてお店に入り、カウンター席に座りました。マスターは常連客と給料日についての話をしていましたが、5分ほどして、「外は人、歩いていますか？」という、当たり障りのない世間話を僕に振ってきました。その後に、「ところでお客さんは、給料を払う人ですか、それとももらう人ですか？」と。僕が調子に乗って「普段はもらう人ですが、たまに払う人にもなります」と答えると、「それ、どういうことですか？」と、興味津々に突っ込んできました。この話題をきっかけに、僕はマスター、常連さんと一気に打ち解けました。

このあたりは、店主独特の会話芸とでも呼ぶべきもので、誰でもすぐに使いこなせるわけではありませんが、「いかに開き、いかに閉じるか」という機微を理解することが、お店という空間を風通しの良い、清々しいコミュニケーションの場として保つために必要であるということは、知っておいて良いでしょう。

Column

伝説の喫茶店・風月堂

新宿の三越裏にはかつて、「風月堂」という名の喫茶店がありました。オープンは1945（昭和20）年秋。当時、新宿には喫茶店は3軒しかなかったそうです。オーナーの横山五郎氏が、ケーキショップの一角に喫茶室を設け、自分の持っていたクラシックレコードを店内に流したのが評判になり、音楽愛好家たちが口コミで集まるようになりました。

1949（昭和24）年の改築により、クリーム色のモルタル造りのモダンな建物となり、中にはオーナーのコレクションである日本の洋画と彫刻作品が飾られました。常連客は音楽好きから、画家、詩人、文学青年と広がっていきました。1955（昭和30）年には更に改装を行い、吹き抜けの天井に中二階、通りに面して大きなガラス窓が設置され、一階の真ん中には通路を通し、だれもが店内を見渡せるという、当時の喫茶店としては画期的な空間となりました。以降、風月堂は音楽や絵画の鑑賞の場から、芸術青年たちの討論と発表の場となっていきました。

1964（昭和39）年の東京オリンピック開催の頃には、アメリカの旅行会社で出版されたガイドブックの中で「風月堂は芸術家たちのお気に入りのたまり場で、グリニッジビレッジにあるコーヒーショップに似ている。そして無数の若きビート族や画家や作家や学生たちが、朝10時から夜10時まで自分の住みかにしている」と紹介されたことで、外国人が風月堂に姿を見せるようになりました。彼らはオリンピックの観光客やビート族、ヒッチハイカー、ヒッピーとさまざまでしたが、やがてグループを作り「風月外人」と呼ばれるようになりました。彼らと常連客との交流の中から、日本人初のヒッピーがここから誕生しています。

60年代後半にヒッピーが東京を離れると、今度はフーテンが登場しました。また学生運動が激化し、新宿が〝若者の街〟としてクローズアップされたことで、アングラ、カウンターカルチャー、学生運動、反戦運動といった時代の空気が、店内に色濃く反映されるようになりました。この時期には、状況劇場の唐十郎、麿赤児、女優の桃井かおり、イッセー尾形、漫画家のはらたいら、シンガーソングライターの泉谷しげるらが訪れていたそうです。

こうした風俗的な側面をマスコミに取り上げられた結果、風月堂は観光名所化し、全国から見物客が訪れるようになりました。客層が変化するにつれ、風月堂は、客同士が交流を深める中で創造的なエネルギーを発現させてゆく場から、その時々の流行

・・・・・・・・・・・・・・・・・・・・・・

や風俗を追いかける人々のたまり場へと変わり、店内の空気から創造性が失われていきました。またコーヒー一杯で何時間も過ごす客が増え、店内は満席のまま客の回転が止まるようになり、それが経営にも影を落としていきました。

戦後の新宿文化を象徴した風月堂は、１９７３（昭和48）年8月31日に閉店。現在は三越の壁面にプレートが残されています。（参考：奥原哲志『琥珀色の記憶　時代を彩った喫茶店』河出書房新社）

5

これからのカフェのカタチ

自分軸・他人軸を超えた「場」をつくる

1　カフェが担う公共性

　この本ではここまで、カフェの経営について、〝自分軸〟と〝他人軸〟という二つの軸をベースに考えてきました。

「自分がやりたいこと」と「他人がやってほしいこと」のコール・アンド・レスポンスが成立するところに、これからの時代のお店の方法論を見出すという考え方。これは成功店や勝ち組になるのではなく、お店を継続させていく方法を模索するものでしたが、基本的にはビジネスの話として、カフェの経営について語ってきたともいえます。

が、ここに「社会としてやるべきこと」という第三の軸を導入してみると、カフェの意味合いはまた少し違ったものとして見えてきます。

　カフェとは、経営している人にとっては飲食物の提供をおこなうビジネスの場ですが、そこを訪れる人にとっては、普段の仕事や生活からいったん離れてリラックスできる、息抜きの場です。面白いのは、生産活動から一時退却するためのこの場所が、誰かと出会い、情報に接し、刺激を受けることで、今まで思いつかなかった何かが生み出される、そんな創発の場としての役割を果たし得るということです。また飲食を楽しみながらアートや音楽などに気軽に親しむことのできる場としても、カフェは大きな役割を果すことができます。

このように、カフェという場は、文化性や公共性を担保する場としての意味合いを強く持っています。僕自身の関心は、つねにそこにあります。そして多くの人がカフェに惹かれる理由も、そこにあるのではないかと思います。

近年、「コミュニティカフェ」と呼ばれる、公共性を志向するカフェが増えてきています。そして公共施設の中にコミュニティカフェが設置され、ＮＰＯが運営を受託したり、コミュニティカフェの開業に補助金が出たり、という事例も増えてきています。ビジネスとしては厳しくなってきているカフェに、公共財としての新たな期待が寄せられるようになった、ということですが、基本的にはカフェはビジネスであり、劇場や美術館やコンサートホールのように、行政や企業がお金を出して支える類のものではない、と考えられています。

それでは、社会において大事な役割を果たす場としてのカフェを、どうやって作って、維持していくのか。

最終章では、そうしたカフェの文化的起業論について考えていきます。

どこかもの足りない「コミュニティカフェ」

コミュニティカフェとは、地域住民やＮＰＯが高齢者・障害者・子育てへの支援、世代間・国際交流、生涯学習、まちづくりといった公共的なテーマのもとに、カフェを開いたり、定期的に人々が集まれる場を作ったりという動きのことをいいます。〝地域の茶の間〟を作り、人や情報の交流を活発にすることで、地域におけるさまざまな問題を解決したり、人間関係を再構築したり、そこに集う人たちの可能性を広げたりすることを目的にしています。

実際に飲食店としてカフェを運営しているところでは、地元食材を使ったランチを提供していたり、障害者作業所で作られたパンやクッキーを売っていたりします。日替わり店主というシステムを取り入れ、地域の主婦が食事を提供しているところも増えてきています。

このコミュニティカフェの必要性の論拠となっているのが、アメリカの社会学者、レイ・オールデンバーグが提唱する「サードプレイス」という概念です。彼は、家と職場（学校）の中間地点にある、パブリックでありプライベートでもある「第三の居場所」が、地域社会において失われつつあることに警鐘を鳴らしています。

ハワード・シュルツ、ドリー・ジョーンズ・ヤング著『スターバックス成功物語』の中には、こんな表現が出てきます。

オールデンバーグは次のように述べている。

人間は、形式張らない社交の場に集い、仕事や家庭の問題を忘れ、くつろいだ雰囲気で話をしたいという欲求を持っている。ドイツのビアガーデン、イギリスのパブ、フランスのカフェは、日常生活の憩いの場だ。そこはニュートラル・グラウンド（中立地帯）であり、社会的地位はさておき皆が平等に扱われ、会話が主たる活動となる。

アメリカでも、かつては居酒屋、床屋、美容院などがそういう場所だった。だが、郊外化の進展とともに、これらの場所は姿を消しはじめ、自己充足的な郊外型住宅に取って替わられた。「こうした場所がないため、都市生活の本質であるさまざまな関係や人との多様な接触が欠落することになる。この欠落の故に、人々は群衆の中にあって孤独な状態にとどまっている。」

オールデンバーグのサードプレイス論から見ると、コミュニティカフェとは、かつてまちなかにあった「くつろいだ雰囲気で話ができる場」をとりもどし、地域コミュニティの再活性化を図るための取り組みと捉えることができます。この考え方は、郊外化によるコミュニティの崩壊や新旧住民の断絶、少子高齢化の進行といった社会的課題を抱える日本の地域社会において、現実味を持つものとなってきています。

ただ、これまでのところ、コミュニティカフェの果たす役割としては、地域社会におけるセーフティネットという側面が特に強調されてきた感があります。カフェが担い得る公共性には、もっといろんな方向性があります。そのことを、以下でお伝えしていきます。

カフェ的な会話が生み出すイノベーション

カフェが持っている意義としてまず強調しておきたいのは、「イノベーション（革新）の場」としての可能性です。

ただ話をするだけでなく、そこでの偶然の会話から、今の地平を超えた何かが生まれてくる。そんな創発の場としての可能性がカフェにはあり、昔から数々の伝説として語られています。

古典主義の詩人たちが、コヴェント・ガーデンで、友人に嗅ぎ煙草やコーヒー、率直な助言などをふるまっていた時代から、芸術家や作家、革命家たちは、カフェ、あるいはコーヒー店をたまり場にしてきた。パブ、居酒屋（タヴァーン）、アトリエ、自宅、ビール酒場（ビアステューベン）、キャバレー、バー、レストラン、それにチェルシー・

ホテルといったところも利用されてきたが、気軽にはいれる場所として西欧知識人の人気を得たのはカフェだけである。印象派、デカダンス、シュールレアリスム、ロック・カルチャー、実存主義、失われた世代、フランス革命といったさまざまな動向はすべて、どこかの仄暗いカフェでそのカバラ的精神を育んだ人々によって起こされてきたのだ。

（スティーヴ・ブラッドショー『カフェの文化史』〔海野弘訳〕三省堂、１９８４年）

特に17世紀中頃から18世紀半ばにかけて、イギリス社会に大きな位置を占めていたコーヒー・ハウスは、きわめて多岐にわたる役割を果たしていました。ここはまず政論の場であり、さまざまな意見を持つ人たちがコーヒーの香りと紫煙の中で、政治を論じ、権力を批判し、革命を鼓舞していました。またビジネス情報センターとして、新興ブルジョワジーの経済活動に貢献し、そこからロイズを始めとする保険業も生まれました。またコーヒー・ハウスで得られた情報をまとめた新聞・雑誌が次々と発行されるなど、ジャーナリズムの発生・発展とも関わっています。そしてコーヒー・ハウスに集まった文人たちが、詩や演劇を批評し合い、議論をしながら構想を練り上げていくというように、当時の文学界とも密接な関わりを持っていました。

さまざまな人が出会うことで、政治的な議論が成熟したり、新たな産業が起こったり、メディアが生まれたり、芸術文化がそこから華開いたりというように、歴史的にみてもカフェは、社会を動かすイノベーションの揺籃として機能してきました。

近年でも、異分野交流とコラボレーションのための場として、カフェは注目を集めています。

アメリカの政治学者ロバート・D・パットナムは、イタリアの地方政府の事例を研究し、投票率の高さ、新聞購読数の多さ、教会の合唱団や読書サークル、ライオンズクラブ、サッカークラブへの活発な参加など、市民参加の強い伝統のある地域が、効果的な政府や経

カフェ的な場での会話から、イノベーションが生まれる

済発展を実現していることを発見しています。そしてそうした地域には、「ソーシャル・キャピタル（信頼に基づいた社会的つながり）」が醸成されていると指摘しています。市民が信頼し合い、協調・連帯していける土壌をつくること、「市民共同体」が地域に根付いていることが、地域におけるイノベーションの源泉になるという考え方です。

この「ソーシャル・キャピタル」を醸成するためのインフラとして、カフェは大きな可能性を持っています。

> 互酬性の規範と市民的積極参加のネットワークは、イタリア以外でも産業地域の成功には不可欠なものとして典型的に取り立てて言われている。ネットワークは、技術開発、企業家志願の人間の信望、産業労働者の信頼性等に関する情報の流れを容易にする。革新は、「カフェやバー、通りでの頻繁な情報交換」に依存する。（ロバート・D・パットナム『哲学する民主主義』〈NTT出版〉より）

シリコンアレー、シリコンバレーなど、アメリカのクリエイティブ産業の集積地でも、カフェにおけるコミュニケーションがイノベーションを促進したと言われています。日本でも10年ほど前に、全国各地に「ビジネスカフェ」「ビズカフェ」と呼ばれるカフェが登場しました。ここは起業家、クリエイター、支援事業者、起業を志す学生などが集い、コーヒーや時にはアルコールを片手に、自由に情報交流ができる溜まり場、情報交流の場のことです。ここでの「カフェ」は、飲食業というよりも、人の集まりやネットワークのことを指しています。

そして「人が集まってしゃべる」という地平を超えて、「そこでの会話から何かを生み出す」というイノベーションのサイクルをより意識していくと、人と人をつないで会話を誘発し、多様な人々の思いをまとめ、優れたコンセンサスを生み出すといったファシリテーションの手法が注目されるようになります。

「ワールド・カフェ」と呼ばれる、1995年にアメリカで始まり、今では世界中に広まっているダイアログの手法があります。集まった人たちが3〜4人のグループに分かれ、決められたテーマについて、それぞれのグループがカフェのテーブルを囲んで20分程度話し合います。時間になったら人々はテーブルを移動し、新たなグループを作って何回かのダイアログを重ねます。少人数のリラックスした雰囲気の中で、参加者同士が質問を通じて気づきを促し、そこから生まれたアイデアがテーブルからテーブルへと伝わり、知識が共有されていくというものです。

私たちが経験したことを明らかにしようとするにつれて、思い出されたことがあります。それは、多くの新しいアイデアや社会的なイノベーションは、カフェやサロン、教会、リビングルームなどでのインフォーマルな会話を通じて生まれ広がっていったのだということでした。私たちのリビングルームで行われた「カフェ的会話」は、人間社会における知識共有や、変革、イノベーションが起こるときの深くいきいきとしたパターンが現れている小規模なレプリカだったのではないかと考えました。（アニータ・ブラウン＆デイビッド・アイザックス『ワールド・カフェ　カフェ的会話が未来を創る』〈ＨＵＭＡＮ ＶＡＬＵＥ〉より）

会話的サロンへの挑戦―Talkin' About

ここで僕自身が関わってきた「扇町 Talkin' About」というプロジェクトについて、簡単にご紹介します。

「扇町 Talkin' About」は、２０００年4月に扇町ミュージアムスクエア（ＯＭＳ）でスタートしたサロンです。

ある決められたテーマについて参加した人たち自身が話し合うというシンプルな企画で、テーマは演劇・映画・現代美術・音楽・文学・ポエトリー・お笑い・漫画・哲学など、さまざまなジャンルにわたっていました。参加料は無料で、主宰者はボランティア、会場はたいていカフェ、バー、レストランなどの飲食店だったので、自分の飲食代だけをお店に払うというシステムにしていました。

当初はOMS1階にあったカフェレストラン「スタッフ」で開催していましたが、続けていくうちに、扇町界隈のカフェやバーなど十ヶ所の飲食店を会場に展開していくことになりました。「参加者の人数を気にしない」「出会いの質を重視する」というポリシーを前面に出していた企画で、参加者3人ということもよくあったのですが、ひたすらに回数を重ねていきました。続けていくうちに、いろんな方々が自らサロンの主宰者を引き受けてくれるようになり、一時期は月に15本のペースで開催していました。2

お気に入りのCDを紹介するサロン（2008年）

005年12月末までに、通算700回を数えています。

当初は「沖縄アイデンティティ」「ワンダーフォーゲルの可能性」「ビートジェネレーションの地平」「サブカルチャーの現在形」など、自分の趣味に任せてエッジを効かせた企画ばかりをやっていましたが、そのうちに「カフェをつくる」「ユースホステル計画」「大阪の歩き方」「六甲山カフェ」といった、具体的なプロジェクトの第一歩としてサロンを開き、そこにキーマンが集まってきたら、具体的なプロジェクトを立ち上げる、といった実験も行うようになりました。また、自分が読んだ本、お気に入りのCD、自分の仕事の内容を紹介するといった、より気軽に開催できるサロンもいろいろと開発してい

Work Style Cafe 〜仕事の話をしよう〜(2004年)

きました。

　サロンの主宰者には、集まった人たち全員に気を遣いつつ、2時間ほどの話し合いを有意義なものにするという、ファシリテーション能力が求められます。参加者は「喋りたくて喋れる人」「喋りたいけれど喋るのが上手くない人」「ただ聞いていたい人」の三つのタイプに分かれますが、それをできるだけ早く見極めて、うまく会話を引き出していくという方法論が、場数を踏んでいるうちに見えてきました。

　この企画は2011年より、「御堂筋 Talkin' About」と名前を変えて再スタートし、淀屋橋・本町界隈の公共施設を会場として月1回のペースで継続しています。ナビゲーターは北船場の近代建築「生駒ビルヂング」のオーナー・生駒伸夫さん、船場で90年続いている「平岡珈琲店」の店主・小川清さん、ランドスケープ・デザイナーの小林卓司さん、そして僕の4人。会場はカフェではありませんが、カフェ的な雰囲気の中で、大阪のまちづくりに関連したテーマについて話し合っています。最近では毎回20〜30名が集まるようになりましたが、相変わらず、出会いの場としてのクオリティと会話のスムーズな流れを重視して続けています。

2　文化的な場づくりの可能性

「場づくり」というモチベーション

今、カフェをやりたいという人のモチベーションは、大きく二つに分かれています。それは、「飲食店の経営がしたい」というものと、「人が集える場をつくりたい」というものです。そして、どちらの関心がより強いかによって、開業の意味合いは大きく変わってきます。それは、前者がビジネスを志向しているのに対して、後者は文化性・公共性を志向しているからです。

人と人とがつながる文化的な場を作りたいという夢と、利益を出していかなければいけないという現実とは、店主の中ではトレードオフの関係にあります。このコーヒー一杯で粘る人たちの議論から、新たな何かが生まれるかも知れない、でもそんな連中ばかりを受け入れていたら食べていけない、という話です。

つまり、「場づくり」の志向が強い人は、それだけビジネスとしてのカフェには向いていないといえるのですが、逆にいえば、自分自身がカフェを経営しなくても、誰かが経営しているカフェを使いこなすという発想に切り替えれば、比較的簡単にその目的を果たすことができる、とも言えます。

実存主義者・ジャン＝ポール・サルトルは、かつてパリのサンジェルマン・デ・プレにある「カフェ・ド・フロール」に毎日のように現れ、ここを事務所代わりにして仕事をしていました。フロールには彼専用の電話がひかれていたそうです。そして夜になると、友人を集めて議論を交わしていました、そのことでフロールは「実存主義者が夜ごとに議論を交わす場」として有名になり、多くの観光客が訪れるようになりました。

また、マルク・ソーテという哲学者は92年に、同じくパリのバスチーユ広場の一角にある「カフェ・デ・ファール」で「哲学カフェ」という試みをはじめました。これは「安楽死は必要か」、「暴力とは何か」、「生に意味はあるのか」といった哲学的なテーマについて、カフェに集まった人たちが自由に話し合うというものです。彼が主宰する「哲学カフェ」には一時期200人近い人々が集まり、「哲学カフェ」自体もフランス国内の100ヶ所以上で開催されていたそうです。

この二つの話は、店主ではなく常連客が、お店に人を集め、場を創出している好例と見ることができます。カフェにはこのように、客の側からも、主体的に場づくりに関わることができる、という面白味があります。お店の側からしても、いろんな人を集め、お店を活性化させてくれる人の存在はありがたいものです。
数年前からよく聞かれるようになった「おうちカフェ」「自宅カフェ」というスタイルの中からも、飲食業ではなく場づくりに軸足を置き、出会いや気づき、学びの場を創出するといった試みも、活発に行われるようになってきています。

カフェと言っても、喫茶店営業ではありません。おうちカフェとは、誰もがつくりだせる出愛（であい。愛にあふれた出会いという意味です）の場。自宅に人を招き、テーマのあるイベントや講座を楽しむライフスタイルです。（矢尾こと葉『おうちカフェのつくりかた』より）

日常編集家のアサダワタルさんは、自宅や個人事務所のようなプライベートな空間を、さまざまな人が集まれるパブリックな空間に変えていく活動を「住み開き」と名付け、提唱しています。ホームパーティ、文化教室、子育てサロン、アトリエ、私設図書館といった形で、無理のない範囲で自分の居住空間を開き、パブリックな空間を作り出すこうした動きは、お店の自宅への退却というよりは、本来プライベートな空間を少しだけ開き、外の世界との繋がりをつくるという、前向きのモチベーションに支えられた動きのように思えます。

文化的な場づくりを志向するカフェ的な動きは、「飲食店の経営」という桎梏から自由になる方向で、その可能性を広げつつあるようです。

文化施設としてのカフェ

近年のカフェはまた、「文化施設」としての役割も果たすようになってきています。

飲食を楽しみながら芸術や文化に触れることができる空間には、古くは西欧のキャバレーやカフェ・テアトル、また日本でも、スナックでの音楽演奏やライブハウスなどがありましたが、個人が経営する小規模のカフェが、表現空間としてその可能性を開花させたのは、やはりカフェブームの頃のことです。絵画やイラスト・写真の展示、音楽ライブやポエトリーリーディング・トークショー・講座・ワークショップなどのイベントが、多くのカフェで開催されるようになり、今では一般的な営みとして定着しています。

飲食以外の収入源を持つことでお店の経営の足腰を強くするという意味合いだけでなく、イベントを開催することで「わざわざ性」が生まれ、それまでお店を知らなかった、または知りつつも来たことはなかった人たちが足を踏み入れ、その後の営業の時にも来てくれるようにもなるというメリットも、そこにはあります。

最近では、「カフェ公演」と称した小規模な演劇公演も、盛んに行われるようになってきています。


劇場の閉館が相次ぐ大阪市内で、カフェやバーが新たな演劇公演の拠点となっている。「演劇文化を守りたい」というオーナーが採算度外視で運営するケースが多い。100席未満の小空間でグラス片手に芝居を見る。そんな観劇スタイルが広がりつつある。

1980年代の小劇場ブームが去った後、大阪市内では2003年に「扇町ミュージアムスクエア」、翌年には近鉄小劇場が閉場。市の施設でも、昨年12月には劇場として使われた倉庫「ウルトラマーケット」(中央区)が防災拠点に転用され、市立精華小劇場(同)も今年3月で廃止されるなど、小劇場が次々に姿を消した。その穴を埋めるように増えてきたのが、飲食店の一部を舞台として開放し、芝居を上演する公演形態だ。

(読売新聞 2011年7月2日(土)記事「演劇はカフェで」より)


日本では80年代には企業が、90年代になると行政が、さまざまな表現を支えるための器として劇場や公共ホールを次々とつくりましたが、２０００年前後になると、その予算を減らして事業を縮小させていきました。そうした動きと入れ替わるように、個人がまちに作っていったカフェが、経済的に自立した「文化施設」としての意味合いを持つようになってきたといえます。

３　カフェを続けるしくみづくり

シェアされるカフェ

イタリアには、「ＣＩＲＣＯＬＯ＝チルコロ」と呼ばれる、地域に暮らす人たちのレクリエーションと文化活動・社会活動を支援する組織があります。エイズ問題、ゲイ差別や移民問題、失業者の職探し、子供の教育、老人ケア、囚人の社会復帰といった社会活動を中心としていますが、バールや食堂の経営を手がけているところもあります。

島村千津さんの著書『バール・コーヒー・イタリア人』の中には、こんなチルコロの話が出てきます。

もうずいぶん昔、イタリア・アペニン山脈にほど近いトスカーナの峠で、「ＣＩＲＣ

OLO＝チルコロ」と書かれた店を見つけた。ポテトチップス、駄菓子、コーラにワイン、どう見ても工場から配達された菓子パンの類。これといって特別なものは何もない普通のバールだ。少し埃っぽい店には、これまた愛想のない主人がいて、黙ってコーヒーを淹れてくれた。するとその後ろのカレンダーに日替わりで人の名前が書き込まれている。これが、どうしても気になって訊ねてみると、何と黒いチョッキ姿も堂に入ったこの主人、普段は林業に携わっているのだという。くだんの表はバールの当番表で、この日は彼の番なのだという。つまり、山間部にあるこの村には、バールが一軒もなかったが、コーヒーを一杯飲んで一息つく、バールくらいは欲しい。ところが、個人で営業しても、十分な収益をあげるには村人の数が少なすぎる。というわけで、村中の人が、ほぼ月に一日ずつの当番制でバールを経営しているのだ。それは、町の寄り合い所としてのバールとの劇的な出会いだった。

僕がこの本を読んだのはコモンバーやコモンカフェを始めた後だったのですが、個人経営ではお店が成立しない地域において、行政に頼ることなく、みんなでカフェをシェアするという試みが、もうずいぶん昔からイタリアの山間地で行われていたという事実に驚きました。

近年、日本においても、カフェの経営環境はだんだんと厳しいものになってきていますが、こうした流れの先には、カフェをシェアするという発想が、これまで以上に現実味を帯びる時代がやってくるのではないかと思っています。

店主が日替わりでお店に立つ「コモンカフェ」というしくみ

ここで、僕が運営している「common cafe（コモンカフェ）」について、あらためてご紹介します。

このカフェは、店主が日々入れ替わり、毎日違う人がお店に立つ「日替わり店主」というシクミで、2004年から運営しています。それまで運営に携わってきた扇町ミュージアムスクエア（OMS）という複合文化施設を、個人のレベルで再現しようと思ったというのが開業の動機で、一軒の表現空間としてのカフェを、カフェをやりたい人たち、表現活動の場がほしい人たちでシェアするという実験として、スタートさせました。

お店があるのは、大阪駅・梅田駅から北東に10分ほど歩いたところにある中崎町。戦災を免れ、木造瓦屋根の古くからの街並みを残している町で、10年ほど前から古い長屋を改装して若い人たちがカフェや雑貨店、洋服屋、ギャラリー、美容室などを営むようになってきました。

今では数十軒ものお店が、住宅街の中に点在しています。

コモンカフェでは、平日の昼には曜日ごとに担当の店主がいて、カフェとして運営しています。店主は長い人で8年、短い人でももう3年、同じ人が入り続けています。平日の夜には音楽ライブや講座・ワークショップなどを行っており、固定のメンバーがずっと運営しています。週末のみフリーブッキングにしており、カフェを運営するメンバー、音楽・演劇・映像・アートなどのイベントをプロデュースするメンバー数十人が、それぞれ自分が入りたい日にお店を開けています。

お店に関わってきた人の中には、その後実際に自分のお店を出した人もいますが、多くは本業を別に持ちながら、また他の飲食店のアルバイトをしながら、週1回、月1回のペースで「自分のカフェ」を形にしています。

コモンカフェでは、お店に入る人に「ドリンクの売上ノルマ」を負っていただいています。ノルマの額は現在、平日の昼間は2千円、平日・日曜の夜と週末（土・日・祝）の昼は8千円、週末（金・土・祝前日）の夜は1万円、有料イベント時には1・5倍としています。ノルマ額を超えた場合には、超過分の10％が店主の報酬となりますが、超えなかった場合には、ノルマ額をお店に納めていただくことになります。コモンカフェは、このドリンク代の売上によって、家賃を払うシクミにしています。

逆に、お店でフードやスウィーツを販売する場合には、店主がそれぞれ食材を調達して自分たちで作り、その売上は１００％持ち帰ってもらうシクミにしています。また有料のイベントをする際にも、ライブチャージは１００％持ち帰っていただいています。

カフェを実際に開業するためには、今の仕事を辞め、不動産を借り、数百万円もの開業費用を投じ、開店のための多くの準備作業をこなす必要がありますが、コモンカフェでは、それぞれの店主は仕事を辞めずに週1回、月1回というペースで自分のお店を持つことができます。そして営業を続けていくうちに、お店の具体的なイメージが固まり、自分の日に来てくれるお客さんが増え、十分自信が持てるようになったら、それから初めて自分のお店を持つ、という段階を踏むことができます。

また、自分のお店を構えることを目標にせず、他の仕事をしながら定期的にカフェを開きたい、という人たちにとっては、フリーマーケットのように、自分のライフスタイルの一部としてカフェを開業することができます。お店を辞めることに対するハードルが低いので、自分がやりたい時期だけ、カフェに関わることができるというのもメリットです。

表現空間をシェアする実験「コモンカフェ」

またコモンカフェには、いろんなジャンルの表現活動に携わる人が関わっているので、その気になればネットワークをすぐに広げることができます。店主の中には、アーティストやＮＰＯの人たちとのコラボレーションイベントを積極的に行っている人もいます。

しかしながら、「日替わり店主カフェ」を実際に運営していくのは、なかなか大変なことです。日々店主が入れ替わるということは、「いつ行ってもあの店主がいる」というお客さんの期待に応えることができない、ということです。そのため、各店主は、自分の日に足を運んでくれる顧客をいかに増やすかという課題に取り組んでいます。お店全体としても、一定のクオリティを担保し、つねにお客さんに満足いただくことができなければ、街場での存在意義を失ってしまいます。つまり、単なる「レンタルカフェ」ではだめなのです。そのために、日々いろんな試行錯誤を重ねています。

「コモンカフェ」という名前の意味は、「みんなで共有するカフェ」です。つまり、みんなで出資し、経営についてみんなで考えるというのが、コモンカフェの理想形だと思っています。ですが今のところ、コモンカフェは僕のお店として回っています。それは、「みんなでシェアする空間」であるという意識が先に立ちすぎて、「お客さんに満足いただける空間」という、お店の第一義を見失わないようにと考えてのことです。お店全体が外の人からどう見えるかというディレクションの部分を、「自分にとってあり得る、あり得ない」という一個人のフィルターを通して作ってきたのです。

いいかえると、コモンカフェは公共的なミッションを多分に意識したお店なのですが、運営の方法論としては「プライベート」の部分に軸足を残しているのです。

コモンカフェは2012年に、オープンから8周年を迎えました。今年は、プライベートの軸足を外して、完全に公共的なスタンスで運営していくお店に変えていく、という新たな実験に取り組みつつあります。

開業支援の場としての「半年替わり店主カフェ」—クレオ・チャレンジカフェ

コモンカフェをはじめる時に僕が意識したミッションは「表現空間のシェア」でしたが、「日替わり店主カフェ」というシクミは、「カフェの開業支援」としての可能性を持っています。

いきなり多額の投資をして開業するのではなく、自分がイメージするお店を試してみることができ、自分はカフェ経営に向いているのか、自分のやりたいカフェはお客さんに受け入れられるのかを確認することができれば、実際に開業する時のリスクを減らすことができます。

㈶大阪市女性協会は2007年に、四天王寺前夕陽丘にある「クレオ大阪中央」の3階ロビーの一角に、「クレオ・チャレンジカフェ」を設置しました。クレオ大阪は、女性の社会進出を支援することを目的とした市の施設で、ホールや会議室、図書室を備え、開業支援セミナーや講座などを日々開催しています。

このカフェでは、将来的にカフェ開業を目指す店主が、6ヶ月の期間限定で、水光熱費込み2万円の家賃で入居し、カフェ運営の実務経験を積むことができます。これまでに9人の女性が店主を務め、その後3人が開業に踏み切っています。僕はこのチャレンジカフェのアドバイザーという立場で、オープン以来、各店主の歩みを見続けています。

結婚や出産でいったん職場を離れることの多い女性の場合、ふたたび一歩を踏み出すのはな

クレオ・チャレンジカフェ

かなか大変なことです。チャレンジカフェに入っている店主も、子育てが一段落した段階で社会復帰したい、雇われて働くのではなく自活したい、という女性たちです。開業支援というミッションから、自治体がカフェ・インキュベーションを設置・運営するという取り組みは、とても重要なことだと思っています。

4　場を継承するしくみづくり

歴史的な建物を地域の人々の力で継承する——木村邸

自治体やまちづくり会社、公共的企業などが事業主体となって、近代建築や伝統的建築などの歴史的建築物を改修し、そこに高級レストラン、スウィーツカフェなどの実力あるテナントを誘致して、まちづくりの拠点とするという試みが全国的に行われています。地域に残された歴史的資産をブランディングし、地域への集客に活かすという公共事業です。

その一方で、プライベートな人の集まりが、歴史的建築物や場所への愛着を起点にして集まり、そこにカフェを持ち込む、という動きも、あちこちで見られます。

そんな例の一つとして、ここでは松山にある「木村邸」についてご紹介します。

木村邸は、松山市街から西に4キロメートルほど行った、伊予三津浜にあります。かつて松山の海の玄関口として栄えた町です。

建物が建ったのは1881（明治14）年。廻船問屋が建てた商家を、後に木村家が購入しています。木村家もまた三津浜で十代にわたり廻船問屋を営んだ商家で、前の当主であった木村又三郎は日露戦争に出征後、町会議員になったり、三津浜銀行を創立したりと、地元の大立者として活躍したそうです。実は又三郎氏は僕の大叔父に当たる方で、その縁で昨年初めて木村邸を訪れる機会を得ました。

築130年になる木村邸には、建築当時の職人の粋な仕事とこだわりが見えるディテールがふんだんに残されていますが、永年の風雨にさらされて屋根が傷み、また壁も一部崩れてきています。数年前から、この家に愛着を寄せる人たちがボランティアとして集まり、毎月第2・4土曜にカフェとしての営業を行いつつ、修復活動を行ったり、その資金を集めるためにチャリテーライブを開いたりという営みを続けておられます。

こうした活動が、三津浜という今では鄙びた町の中に、ひとつの磁場を生み始めています。僕が行った時には「どぶロックフェスティバル」と題し、鍋料理とともに東温市産のどぶろくを飲むイベントをやっていましたが、そこには外国人ミュージシャン、農業をやっている若い

地域の人々によってカフェとして維持されている木村邸

人たち、地元の人気ＤＪ、町会長、行政の人らが集まり、サロン的に盛り上がっていました。地域の人が空間への愛着のもとに集まり、リラックスした雰囲気で出会い、語らう。そこに表現活動をしたい、面白い人たちと出会いたい、料理を提供したいといった、前向きで積極的な人たちが、それぞれの期待を抱えてその場に集まってくる。自分のやれることを、そこで発揮する。そして新たなプロジェクトがそこから起こってくる。

木村邸を見ていると、場にかかわる人々の自発的な活動の結果として、事後的に生まれてくるコミュニティの可能性というものを強く感じます。

老舗の茶屋を継承する「週末替わり店主」──六甲山カフェ

僕が関わっている「六甲山カフェ」は、昔から多くの人たちに支えられてきた場に、カフェを持ち込むというプロジェクトです。

六甲山カフェは、１９３４（昭和９）年から営業している「大谷茶屋」の一角で営業しているカフェです。阪急芦屋川駅から歩いて25分ほどのところにあるこの茶屋は、ロックガーデンの登山口にあり、週末には六甲最高峰や有馬温泉を目指す登山者たちが、何百人もお店の前を通ります。開業当時には、日本の近代登山やロッククライミングのパイオニアであるＲＣＣ

（ロック・クライミング・クラブ）がロックガーデンを拠点に活動していたそうで、茶屋のすぐ前にある高座の滝には、ＲＣＣの創始者・藤木九三氏のレリーフが飾られています。

　茶屋を始められたのは、今の店主のご主人の先々代で、現在は姉・妹夫婦の三人で続けておられます。いちばん年上の大谷政子さんは１９５２（昭和27）年に嫁いで来られてからずっと、このお店を守ってこられました。そしてこの茶屋には、何十年も前からの山の常連さん、茶屋の

老舗茶屋の一角で営業する六甲山カフェ

常連さんが日々訪れています。

僕らが「六甲山カフェ」というプロジェクトを始めたのは2004年のことです。今では「山ガール」のブームもあって、山に登る若い人たちも増えましたが、当時は山に登るのは中高年の方が中心、という状況でした。そこでまちなかで若い人を集めているカフェを六甲山の登山口に持ち込み、若い人たちに山の魅力に気づいてもらおうという趣旨のもと、高座の滝の前のスペースを使わせていただき、最初の年は一日カフェイベントを、翌2005年秋には3ヶ月間の期間限定「六甲山日曜カフェ」を開催しました。

その後2006年からは日曜カフェ店主の一人・船津智美さんが週末の軒先カフェ営業を継続していましたが、2008年春からは大谷茶屋の営業をお手伝いしつつ、おでん、カレー、ケーキ、コーヒー、ハーブティー、ワインなどを販売する、常設の六甲山カフェが誕生しました。そして現在では、3組の店主により、週末ごとにメンバーが入れ替わる「週末替わりカフェ」として運営されています。

六甲山系には今でも十数軒の茶屋がありますが、経営者の高齢化と後継者の不在により、閉店の危機を迎えているお店が増えてきています。いったん閉めてしまうと営業できない場合も多いそうですが、若い世代がコミュニティカフェとしての茶屋を継承するプロジェクトというものを、そろそろ真剣に考えるべき時期なのではないかと思っています。

カフェのコミュニティを継承する「譲り店」

コモンカフェから歩いて1分のところにあった喫茶「正」。マンションの1階で、1982（昭和57）年から続いてきた喫茶店ですが、最近ここが中崎昭和喫茶「ニューMASA」という名前になっています。

このお店のすぐ近くに住んでいて、お店の常連だった片牧尚之さんは、店主から「そろそろやめようと思っているんやけど、あんたやらんか？」と持ちかけられ、「お店が閉まってしまったら、今の常連さん達の行き場所がなくなってしまう」との思いから、このお店を引き継いだそうです。カウンターや食器棚、椅子などは前のお店のままで、お店をきれいに掃除して、いらない物を捨てて、ソファーなどを買い足して開業。昭和レトロな雰囲気をたたえたお店としてリニューアルしています。このお店には、これまでの常連のお客さんが、相変わらず訪れています。

第1章でお伝えしたように、70年代には、喫茶店開業ブームがありました。その頃に開業して今まで30年、40年と続いてきたお店が、店主の高齢化により、いよいよお店を閉めざるを得ない、というタイミングに差し掛かってきています。

何十年も続いてきたお店には、そのお店を支えてきたコミュニティが存在しています。そうしたコミュニティの結節点としてのお店を〝譲り店〟として引き継ぎ、その空間とともにコミュニティをも継承するという動きも、とみにリアリティを持つようになってきています。

ただし何十年もお店を支えてきた店主、そして常連のお客さんたちの思いを受けてお店を継承していくには、「自分のやりたいこと」と「常連のお客さんが求めていること」とのバランスを、うまく見つけていくことが大事です。

これは、とある駅前商店街にあった喫茶店での話です。もう何十年も続けてきた、古き良き名曲喫茶のような趣のお店でしたが、僕が行ったときには10日後に閉店するという貼り紙がお店の前に貼られていました。

お店に入ると、馬蹄形のカウンターに並んで座った男性たちが一斉にジロッとこちらを見ました。野球帽をかぶっていたり、歯がなかったりする常連のご老人たちです。カウンターの中にいたのは、薄幸そうな雰囲気をたたえた美人の女店主。

常連さん達は口々に「さみしくなるなあ」とお店との別れを惜しんでいましたが、店主は笑

中崎町の「ニューMASA」（下の写真は店主の片牧尚之さん）

顔で「悔いはありません」と。この笑顔と言葉にどうも違和感を覚え（「悔いはありません」という言葉は、何十年も喫茶店を続けてきた人からは、普通出てきません）、お店の中をいろいろ見回してみると、隅の方に「祝開店」と書かれた黒板が置いてあるのを見つけました。

この店主はおそらく、このお店を譲り受けて最近開業したのでしょう。お店には昔からの常連客が集い、そこそこ流行った。しかしそれは、店主のやりたいお店ではなかった。そういう事情が読み取れる風景でした。

今の店主が辞めようとした時に、次にそのお店を継承しようという人がスムーズに現れるということは、そのお店が公共的価値を保ってきたことの証であるといえます。ただし、自分よりも前に何十年も続いてきたコミュニティを継承することには、それ相応の覚悟が必要だということは、あらかじめよく知っておくべきでしょう。

Column

一軒のカフェから生まれる街

〝アメリカ村のママ〟故・日限萬里子。

彼女は69年6月、大阪市中央区炭屋町、現在のアメリカ村三角公園の北側に、「ループ」という一軒のカフェをオープンしています。

「夜遅くにおいしく熱いコーヒーが飲めるところが欲しかったんや。見つからへんので自分でつくることにした。」

ブルーの壁にオレンジのパイプテーブル、手作りのカウンターという、当時としてはかなり斬新な内装で、コーヒーやパンの味にもこだわったカフェ。萬里子さんがこのお店を出したのは倉庫街で、オープン当初は夜になると客足が途絶えていましたが、やがて噂を聞きつけた学生が訪れるようになり、そこから口コミで多くのお客さんが訪れるようになりました。お店に集まったのはサーファー達や、近くにあった「VANヂャケット」の店員など、アメリカ西海岸の文化に憧れる若者たちで、彼らの中からその後、実際にアメリカに渡ってTシャツやジーンズ、スニーカーを仕入れてきたり、サーファーショップを始めたり、スタイリストなど、これまでになかった新たな仕事を作り出す人たちが出てきました。やがて「ループ」の周りにはアメリカ製のTシャツや中古のジーンズ・レコードを売る店が増え、ファッションや音楽で尖った感性を持った若者たちが集まり、「アメリカ村」と呼ばれる情報の発信地となっていきました。

萬里子さんと深い親交があった、元ミーツ・リージョナル編集長の江弘毅さんは、著書『「街的」ということ』の中でこう書いています。

日限萬里子さんが店を出し、それが新しい街としての種子となり、事後的に新たな街として分節されたアメリカ村、堀江という街において、次の点がとても街的に大切な観点だと思う。それは行政による再開発や鉄道会社の駅ターミナル造成、はたまたショッピングモールやファッションビルなどが建って、それが引き金となって出来た類の街とは全く違った「仕方」でできてきた、という点だ。（中略）まず「自分たちが遊びたい店」をつくり、そこに人が集まる。そして「なにかこのあたりが、面白そうだ」という人がまた近くに店を出す。そういう動きがこのアメリカ村という街の面白いところで、70年代初頭のアメリカ西海岸のTシャツとジーンズ、スニーカー、サーフィン、ローラースケート、フリスビー…といったカウンター・カルチャーと、その時代そのものをたぐり寄せた。

萬里子さんはその後、アメリカ村の外れにディスコ「パームス」を、難波の外れにクラブ「QOO」を、そしてかつて家具店街として栄え、その後衰退していた堀江にカフェ「ミュゼ大阪」を、それぞれオープンさせています。

萬里子さんがたどった道筋は、いわゆる「ニーズ発想」とはまったく逆のコースです。お客さんのニーズから考えるとあり得ない街はずれに、時代の先を行く、感度の高いお店をつくる。するとそのお店や萬里子さんの魅力に惹かれてお客さんが集まり、そのセンスに共感する人たちが周りに次々とお店をつくっていく。そのことで一つの個性のある街が形作られ、新たな人の流れが生まれていく。

「やりたいから」始めた一軒のカフェがきっかけとなり、一つの街が生まれていく。そんな伝説を何度も生み出した店主がいたということは、これからお店を始めようという人たちにとっても、励みになる話なのではないでしょうか。

＊余談ですが、僕は２０１１年、日限萬里子さんの半生を描いたラジオドラマ「ＬＯＯＰ」をプロデュースしました。今でも毎日放送のＷＥＢサイトからダウンロードして聴くことができます。（ＭＢＳ ＲＡＤＩＯ ポッドキャスト１１７９ http://www.mbs1179. com/podcast/)

おわりに　人生のステップとしてのカフェ―場からの卒業、場への回帰―

最後に、場からの卒業と、場への回帰というモチベーションについて、少し触れておきたいと思います。

永井宏氏の『カフェ・ジェネレーションＴＯＫＹＯ』の中に、「線路ぎわ」という、鎌倉駅のホームのそばの細い道に沿った、手作りの小さな喫茶店の話が出てきます。

友人から勧められてお店を始めたマスターは、近所の仲間と一緒に、５人も座れば一杯になる、掘立て小屋のような店を造りました。お店には学生、スチュワーデス、スタイリスト、編集者、カメラマンといった地元の常連が集い、音楽を聴いたり、本を読んだり、マスターと話したりと、気楽で何気ない雰囲気を楽しんでいました。「僕」は２週間に１回ぐらいのペースで、東京から電車を乗り継いでこのお店に通い、新しい人たちとの出会いに刺激を受けていました。

僕はそこでいままで知らなかった新しいひとたちと出会ったような気がした。東京でそれまで付き合っていた仲間とは違い、地元意識が強く、何か新しいことをみんなで生み出していこうというようなエネルギーがあった。サーフィンやスケートボード、フリスビーで遊び、ときどきみんなで体育館を借りバスケット・ボールをやっているような仲間はいままで僕のまわりにはいなかったし、当時トレンディな職業のひとたちや、そのファッションも含め、湘南の先進的な文化みたいなものを強く意識させた。（中略）みんな湘南育ちだから、そのイメージや結束力は固く、湘南から何かを発信していきたいという願望がいつも気持ちの中にあった。（中略）僕は余所者だったが、それでも湘南の片隅で何か起こるかもしれないという期待もあって、彼らの話に耳を傾けていた。

半年ぐらいして、「僕」はこのお店に通うのをやめてしまいます。鎌倉で何かを始めようとしていた常連たちは、結局何も始められないまま、自分の仕事を探し出したりして、バラバラになっていきました。「僕」はそのうちアルバイトを始めてお金を貯め、インドへと旅に出ます。

線路ぎわはそれでも変わることなく続いていた。インドの旅から帰ってきて、半年振りぐらいに店に顔を出したら、マスターは以前と同じように静かに本を読みながら、カウンターのなかにいた。「久しぶり」と声を掛けると、マスターも「久しぶりだね」と声を返したが、元気の良い声ではなかった。店にいた客もなんだか以前と変わったように思えた。近所のひとたちが集まっているというよりも、鎌倉に観光に来た若いひとたちといった印象だった。

マスターが店を開いてから、まだ2年しか経っていなかったが、僕を含めみんなの時代は急速に変わっていった。年齢的に学生だった頃とは違う、人生のいろいろなことが始まろうとしていた時期だったから、それぞれがそれぞれの方向に進もうとするのは自然の成り行きだった。それだけに、マスターは寂しかったのかもしれない。ぶらぶらしていた仲間の誰よりも一番最初に外に出ていながら、そこから先には出ていけないというジレンマがあったのだと思う。

数年後には、線路ぎわはなくなって、その掘っ立て小屋のような店はやがて建て直され、僕の知っていたひとたちとは違う仲間の集まるような、新しい喫茶店に生まれ変わっていた。（永井宏『カフェ・ジェネレーションＴＯＫＹＯ』より）

お店をやっている中では、お客さんの間である種の磁場が生まれ、そこに惹きつけられるようにさらに面白い人たちが集まってくる、という時期が訪れることがあります。それは店主の魅力によることもあれば、集まった人同士で起こる偶然の産物であることもあります。こういう恩寵の時間は、そこに関わった人たちの心の中に、大事な思い出として刻み込まれます。しかし、こういう時期はいつまでも続くわけではありません。

そういう時間を共有した人たちが、やがてお店を卒業して、それぞれ次の人生を歩み始めた後も、店主はお店にいて、お客さんを待ち続ける日々を過ごすことになります。

多くの人は若い頃に、自分は何者か、自分には何ができるかを探しています。カフェの開業も、自分の可能性に賭けた一つの挑戦です。しかし彼らは一方では思っています。でも、それを一生の仕事と決めてしまうのは、少し早すぎるんじゃないかと。


アメリカ出身の作家のアーネスト・ヘミングウェイ（1899〜1961年）は、高校卒業後に第一次世界大戦に従軍して重傷を負い、戦後は新聞社の特派員としてパリに渡り、ガートルード・スタインらと知り合い、小説を書き始めました。

パリに着いたばかりの頃、ヘミングウェイは先輩の助言を受け入れ、文学界で最も重要な人物たちを探して歩きました。そしてカフェに集っていた作家や編集者たちと出会い、語らう日々を送ります。こうしたカフェでの出会いから、彼は雑誌で作品を発表する機会を得ていきましたが、やがて彼はカフェに集う人々の中に〝悪徳と集団の本能〟を見て取るようになり、名声を得てからはこうしたカフェ的生活から距離を置くようになっています。

ヘミングウェイはモンパルナスのカフェ社会によそよそしいものを感じていた。「おれは仲間と一緒にただぶらぶらしてただけだったんだ」と、彼は突き放すような言い方をした。「作家なら書くことだ。いい作家なら自分の知っていることを書くんだ。」（スティーヴ・ブラッドショー、『カフェの文化史』〔海野弘訳〕より）

イギリスのジャーナリスト・作家のシスリー・ハドルストンは、パリのカフェについて、同じくこんな文章を残しています。

カフェはいくつかの点で悪影響を及ぼしてきたかもしれない。なぜならあまりにも多くの作家たちが──画家たちも同じだが──モンパルナスやモンマルトルのカフェで一日の長い時間、そして夜すらも過ごすことで満足しているからだ。彼らは怠惰な習慣に陥っている。創作するのでなく話すことで満足しているのだ。彼らは朝から晩まで議論している。そしてその議論は何の実も結ばない。（スティーヴ・ブラッドショー『カフェの文化

史』〔海野弘訳〕より）

ヘミングェイやハドルストンの視点は、カフェという場の不能性というよりは、カフェという場には、人それぞれ卒業するタイミングがあるという事実を示しているように思えます。ヘミングウェイ自身、カフェでの交流によって、多くのものを得ていたわけですから。

多くの人にとって、出会いの場を希求するのは人生の一時期のことで、自分にとって大事な人、新たな可能性と出会えれば、そこから先、開かれた場に身を置き続ける必要はなくなります。それは店主も同じで、カフェを通じて得られた出会いや気づきから次の展望が見えてきて、その結果、お店を卒業するということもあり得るのです。

一方で、外の世界で様々なことを経験した後に、カフェという空間や、そこで起こるイノベーションに改めて可能性を見出す、という人もいます。

先にご紹介したように、フランスの哲学者マルク・ソーテは92年に、バスチーユ広場の一角にある「カフェ・デ・ファール」で「哲学カフェ」という試みをはじめました。彼はもともとパリ政治学院の哲学教授でしたが、日常生活に役立たない哲学は意味がないと考え、教授の地位を捨てて哲学相談所を開くとともに、一般公衆を対象に哲学カフェを始めています。

つまり、ソーテにとってのカフェとは、仕事や立身出世の機会を得る「インプットの場」ではなく、今まで培ってきたものを発信するための「アウトプットの場」だったのです。人生においていろんなことを経験し、自分の果たすべき役割を見極め、その先に社会や人と関わることのできる場所を求めて、カフェを志向するようになる。こういう人はもはや、大きな心の揺れに翻弄されることはないでしょうし、より多くをお客さんに与えることのできる存在になっているでしょう。そしてそういう場が増えることは、地域社会の活性化にも繋がるのではないかと思います。

カフェには卒業のタイミングと、回帰のタイミングとがあります。

今カフェをやりたいと思っている人でも、やがてはお店から距離を置きたいと思う時がやって来るかも知れません。特に女性の場合には、結婚・出産・育児などのライフステージの変化によって、カフェから離れないといけない時期が訪れる可能性があります。

だからこそ、人生の一時期にバランス良くカフェと関わることができる方法も、今の時代に必要なのではないかと思っています。

例えば、3年から5年の間だけ、多額の投資をすることなくカフェを開業することができて、辞めるタイミングが訪れた時には、そのお店を次の人に引き継ぐことができる、そんなシステムがあれば、カフェを通じて自分の可能性を広げられる人がもっと増えるのでは、と思っています。

カフェという場所は、ゆるやかな時間を持つことができる、生活の中のオアシスです。そしてそこには、店主だけでなく、多くの人が主体的に関わることができます。そこはパブリックな場であり、いろんな人たちが偶然に出会い、つながり、そこで出会ったものに刺激を受け、世界が広がっていく。そういう可能性を持っています。

カフェブーム以降、世の中にはカフェがいっぱい登場しました。そして新たに生まれてきたカフェの中には、文化の入り口として、また一人一人が社会と繋がるための公共の場として、重要な役割を果たすところも数多く登場しました。

「カフェをやりたい」という人たちの思いが、人が集まる場を生み出し、そこでより多くの人たちが刺激を受け、自分を見つめ直し、新たな何かに取り組んでいく。そうした自己実現の連鎖を通じて、社会がより良い方向に向かっていく。

僕自身は、そんな風に、少しロマンチックな形でカフェの可能性を信じています。

そしてこうした公共的な役割を果たすカフェを支えるための流儀を、これからも模索していきたいと思っています。

参考文献

星田宏司『日本最初の珈琲店―「可否茶館」の歴史』いなほ書房、１９８８年
初田亨『カフェーと喫茶店―モダン都市のたまり場』ＩＮＡＸ出版、１９９７年
染谷濱七『五百圓でできる喫茶店開業案内』誠光堂、１９３６年
有馬秀子『今宵も、ひたすら一生けんめい―お店開業50年満100歳の銀座ママ』ソニーマガジンズ、２００２年
エカワ珈琲店ＷＥＢサイト『純喫茶コロナ』http://www.jtw.zaq.ne.jp/cfbly400/tearoom.htm
中沢孝夫『変わる商店街』岩波新書、２００１年
月刊食堂編集部編『儲かる喫茶店経営』柴田書店、１９６９年
柄沢和雄『喫茶店の開業相談』柴田書店、１９７７年
『季刊喫茶店経営』『月刊喫茶店経営』『cafe sweets』バックナンバー、柴田書店
『an・an』『オリーブ』『Hanako West』バックナンバー、マガジンハウス
『ユリイカ』「喫茶店　滅びゆくメディア装置」１９８７年4月号
永井宏『カフェ・ジェネレーションＴＯＫＹＯ』河出書房新社、１９９９年
『meets regional』バックナンバー、京阪神エルマガジン社
『カフェ開業読本』柴田書店、２００７年
水谷英樹監修『はじめての人でも失敗しない人気カフェのはじめかた』永岡書店、２００５年
安田理『こだわりカフェを開く』ぺりかん社、２００４年
塚本サイコ・山村光春『カフェをはじめたくなる本 カフェをやめたくなる本』ギャップ出版、２００２年
鳥川清治『移動販売で成功する本―みんなでＨＡＰＰＹになろうよ』旭屋出版、２００６年
阿久悠『愛すべき名歌たち』岩波書店、１９９９年
旭屋出版ＭＯＯＫ『カフェビジネス』、２００７年

J・ジェイコブス『アメリカ大都市の死と生』鹿島出版会、2010年
相原恭子『京都花街もてなしの技術』小学館、2005年
『カフェの話。』アスペクト、2000年
玉村豊男『パリのカフェをつくった人々』中央公論社、1997年
奥原哲志『琥珀色の記憶　時代を彩った喫茶店』河出書房新社、2002年
WAC『コミュニティ・カフェをつくろう』学陽書房、2007年
レイ・オールデンバーグ〝The Great Good Place〟
ハワード・シュルツ、ドリー・ジョーンズ・ヤング『スターバックス成功物語』日経BP社、1998年
小林章夫『コーヒー・ハウス　一八世紀ロンドン、都市の生活史』講談社、2000年
スティーヴ・ブラッドショー（海野弘訳）『カフェの文化史』三省堂、1984年
ロバート・D・パットナム『哲学する民主主義』NTT出版、2001年
アニータ・ブラウン&デイビッド・アイザックス『ワールド・カフェ―カフェ的会話が未来を創る』HUMAN VALUE、2007年
矢尾こと葉『おうちカフェのつくりかた』オープンセンス、2007年
アサダワタル『住み開き　家から始めるコミュニティ』筑摩書房、2012年
島村菜津『バール・コーヒー・イタリア人』光文社新書、2007年
マルク・ソーテ（堀内ゆかり訳）『ソクラテスのカフェ』紀伊國屋書店、1996年
日限満彦『アメリカ村のママ　日限萬里子』小学館、2007年
江弘毅『「街的」ということ　お好み焼き屋は街の学校だ』講談社、2006年

山納　洋（やまのう　ひろし）

1993 年大阪ガス㈱入社。神戸アートビレッジセンター、扇町ミュージアムスクエア、メビック扇町、㈶大阪 21 世紀協会での企画・プロデュース業務を歴任。2010 年より大阪ガス㈱近畿圏部において地域活性化、社会貢献事業に関わる。一方でカフェ空間のシェア活動「common　cafe」「六甲山カフェ」、トークサロン企画「Talkin' About」、まち観察企画「Walkin' About」などをプロデュースしている。著書に『common cafe』（西日本出版社、2007 年）、『つながるカフェ』（学芸出版社、2016 年）がある。

カフェという場のつくり方
自分らしい起業のススメ

2012 年 8 月　1 日　第 1 版第 1 刷発行
2016 年 6 月 10 日　第 1 版第 3 刷発行

著　者……………………山納　洋
発行者……………………前田裕資
発行所……………………株式会社 学芸出版社
京都市下京区木津屋橋通西洞院東入
電話 075－343－0811　〒 600－8216

装　丁……………………上野かおる
挿　画……………………日比野尚子
印　刷……………………イチダ写真製版
製　本……………………山崎紙工

ISBN 978－4－7615－1308－5　Printed in Japan

都市の自由空間

街路から広がるまちづくり

鳴海邦碩 著

四六判・240 頁・定価 2100 円（本体 2000 円）

つい数十年前まで、道と空地は出会いの場であった。そこは自然と出会い、人と出会い、仕事や情報と出会う場であり、都市らしさを支えていた。それが今、単なる車の交通の場になっている。古代から現代まで、工学から歴史学、人類学を縦横無尽に駆使し、都市再生の原点となる道と道的な空地＝自由空間の意味と歴史を描き出す。

中心市街地の創造力

暮らしの変化をとらえた再生への道

宗田好史 著

A5 判・296 頁・定価 3360 円（本体 3200 円）

中心市街地はなぜ衰退したのか。都心が硬直し、消費者の変化に敏感な新しい起業者の参入を許さなかったからではないか。本書はまず市民の変化を消費、家族、労働の面から捉え、次に都心再生への端緒を掴んだ京都を事例に、街がどう呼応したかを見た。商店街救済や再開発ではなく、市民の創造性を活かす都心への大転換を提言。

まち歩きガイド東京＋

TEKU・TEKU 編

A5 判・256 頁・定価 2625 円（本体 2500 円）

ラビリンスの街、歴史的な町並み、界隈性のある街、計画された街など東京近郊の 16 の街を、まち歩きの達人が独自の視点でおすすめルートに沿って見どころを紹介する。さらに、街を魅力的にするものは何か、どうすれば魅力的な街になるかを考察する。まち歩きを楽しみ、まちづくりを考えるための、一歩踏み込んだガイド本。

銀座を歩く

江戸とモダンの歴史体験

岡本哲志 著

A5 判・176 頁・定価 1890 円（本体 1800 円）

最新のショップと老舗、新旧のビルが混在し、多様な表情を湛える街・銀座。変遷する建物や街のなかで、歴史の面影をひっそりと残す空間や、変わらない暮らしを感じるとっておきのルートを、長年、銀座のまちづくりに関わってきた著者が隅々まで案内する。路地を駆け抜け、江戸・煉瓦街・モダン都市の世界へタイムスリップ。

江戸東京の路地

身体感覚で探る場の魅力

岡本哲志 著

A5 変・176 頁・定価 1995 円（本体 1900 円）

歓楽街、門前町、市場、抜け道、行き止まり…。地形やかつての都市構造の痕跡を残しながら、歴史の流れの中で変遷してきた東京の路地。成長する都市の隙間の佇まいは、往時の人々の生活が甦ってくるようである。時代や成り立ちによって様々な表情を持つ路地空間を読み解き、実際に潜り込んで体感しながら、その魅力に迫る。

はじめて歩くパリ　GUIDE BOOK

スペースデザインカレッジ編・田原安佐美 著

A5 判・オールカラー 128 頁・定価 1260 円（本体 1200 円）

カフェ、ブーランジュリー（パン屋）、ショコラティエ（チョコレート店）、エピスリー・フィンヌ（食料品店）、マルシェ（市場）、ヴィンテージショップ、メルシー（コンセプトショップ）、パッサージュ（アーケード街）、公園、メトロ、アパルトマン。パリ在住のインテリアコーディネーターが案内する、街の楽しみ方、歩き方。